最強の外資系資産運用術

本証券アナリスト協会認定アナリスト(CMA)
国際公認投資アナリスト(CIIA)
後藤 康之

目次

第2章 中長期での投資テーマ探し …… 27

第3章 テーマに沿った中長期目線での日本上場銘柄 …… 149

本書のベースとなる時事情報は執筆時の2020年9月時点となります。中長期目線での投資に関するテーマの書籍である為、書籍内容を変更するような大きな変化はまだないと捉えておりますが、一方読者の皆様につきまして、どうぞご留意ください。

前書き

大きなトレンド・環境変化を見てみよう

①2000万円問題、年金利率低下、銀行も利息より手数料上昇

２０１９年6月に金融庁が発表したレポートにて、来る人生１００年時代の長寿化を見据えた資産形成を啓蒙し、例として65歳の定年退職後に、年金支給額のみでは毎月5万円ほどの赤字となり、仮に夫婦で95歳まで生きるとすると、総額約2千万円の金融資産の取り崩しが必要、との試算を出しました。[1] これが所謂『２０００万円問題』です。

内容自体は理にかなっているものの、現役世代が引退世代を支えるといった従来の年金の仕組みが、来る人口動態（高齢化と少子化）に上手く合っていない点や、公的機関が十分な年金運用をしていない、諦めたから、勝手に老後資金を今から積立するのは無理、という声が大きくなり、

一時社会問題化となり、当時の政府も火消しに躍起になっていました。[2]

その後２０００万円問題はあまりメディアで触れられなくなったものの、現実として健康寿命を延ばすのと同じように、各自で資産寿命を延ばす、という必要性は依然残っています。また同じレポートに書かれていますが、20代から50代の現役世代（各年代）の老後の不安は、というランキングで1位は『お金』であり、現役世代は自分で資産形成を行う必要がある、という認識はあるといえるでしょう。

1 『人生１００年時代、２０００万円が不足　金融庁が報告書』
https://www.nikkei.com/article/DGXMZO45636720T00C19A6EE8000/

2 『「老後資産２０００万円」金融庁報告書の波紋　まとめ読み』
https://www.nikkei.com/article/DGXMZO46021700S9A610C1I00000/

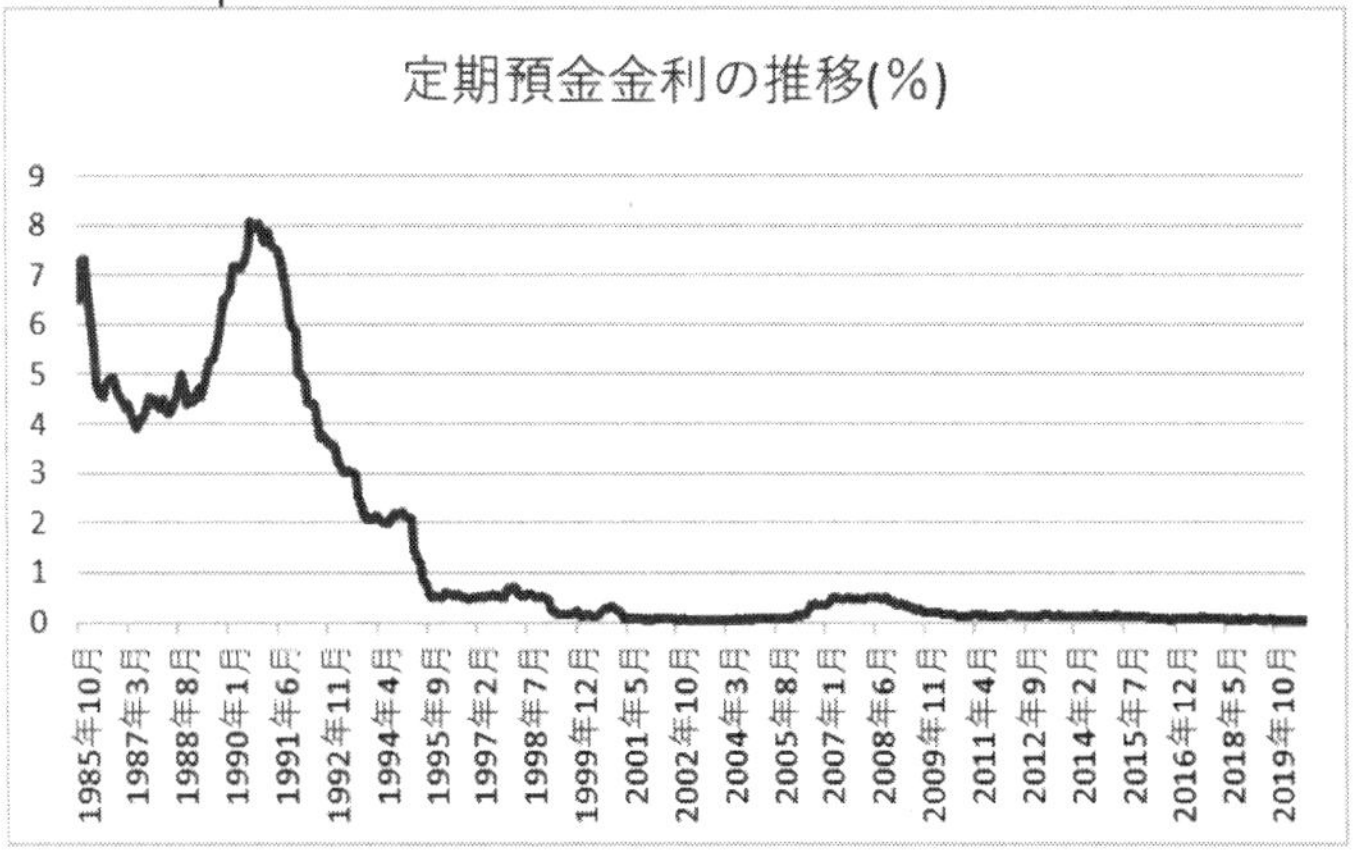

同時に一般的な公的年金に加えて、企業が負担する確定給付型（DefinedBenefitとも言われる）年金部分に関して、日本国債利回りの低下を背景に、年金利率の低下を発表したり、銀行での定期預金の利率を下げる一方で、いくつかの地銀やメガバンク（例としてみずほ銀行）では、様々な手数料を顧客から徴収する仕組みに変わっています。1980年代のバブル経済やその前の時代のように、銀行に定期預金にしておけば利子が着実に増えていく、という時代から大きく変わっているわけです。

②Withコロナ時代における、中央銀行のリフレ政策も金融市場を変える

そして2020年2-3月に始まった、新型コロナウイルス感染拡大による世界経済へ甚大な影響があり、そのコロナ禍において、金融市場の進む方向に変化が見られている、という事実認識も重要です。特に2020年8月末に、（現状、一番影響力があるとされる）米国の中央銀行であるFRBが、『インフレ率が将来2%を超える水準まで上振れてもすぐには利上げに動かず、ゼロ金利を当面の間は継続することを明確にした[3]』と発表した事実がマンモス級のインパクトがありました。このニュースは、今後資産バブルが起こってもFRBは黙認し、インフレ率

がちゃんと上昇するまで、忍耐強く待ちます（そしてもっとお金を継続的に供給します）、という意味と捉えられるからです。言い換えれば、ＦＲＢはドル紙幣を大量供給し、ドルの相対価値低下（ドル安）を促し、所謂『デフレを海外に輸出』することで、米国内にインフレ基調に取戻し、コロナ禍によるデフレスパイラルに陥らないように、またその過程で資産バブル（株や不動産等）も潰さないから、金融市場にお願いします！といっているわけです。同じようなスタンスは、欧州や日本の中央銀行でも見られ、日本ではアベノミクスの第1の矢とされた金融政策の緩和や、コロナショック後に日銀の追加金融緩和策がこれに当たります。[4] 従ってすぐにではないものの、数年間にわたってニュースで、株価史上最高値更新や不動産価格の上昇、という話をよく聞くかもしれません。

3『大きすぎて潰せない米国株　FRBは資産バブル黙認か』
https://www.nikkei.com/article/DGXMZO63202560Y0A820C2000000/
4『黒田総裁「リーマン上回る危機」　国債上限なく購入―日銀が連続金融緩和』
https://www.jiji.com/jc/article?k=2020042700647&g=eco

③高齢化が進む中で、自分の資産運用も自分の責任の1つ

この状況下で政府や金融庁も、NISA（個人投資家のための税制優遇制度）やiDeco（個人型確定拠出型年金）など、数年にわたって様々な長期積立投資を促す方策を整えており、またコロナショックによる株式市場の暴落も相まって、若年層の投資への意欲も高まっているようです。特に2020年1－6月には、インターネット証券会社への多くの口座開設や、分かりやすく安価な株式市場連動型（パッシブ型）の投資信託への大きな資金流入（1兆円程度）も見られたそうです。[5]

私自身は計3社の外資系金融機関にて合計9年従事し、その間は上場株式・債券そして不動産・プライベートエクイティ（未公開株投資）など、色々な投資商品に関わる分析や解説、マーケティングなどを行っていました。金融機関に勤務していると投資に関して、厳しい内規がある一方で、当然ながら自分個人の資産運用も必要、ということで自らも投資の勉強をしようと教材を見て回ったことがありました。そこで、投資初心者向けの教材は多くあるものの、内容としては物足りないな、と感じていました。一方初心者用以外は、MBA向けやプロ向けの金融本であり、

と個人投資家の中で、プロやデイトレーダーのように毎日専業で投資はできないけど、初心者向け以上に、もう少し投資を勉強したい方への本があってもよいかな、と感じていました。

金融業界にて気づいた、個人投資家だからできること

私の金融業界での経験から、運用会社で投資家の資金を運用しているプロ投資家自身が投資テーマを探し、また対外的に話す際に、政治（例：米中対立や米大統領選挙）・経済（グローバリゼーションとコロナ禍での景気後退）・社会（コロナ感染拡大、格差拡大）・環境（地球温暖化）問題など、従前から脈絡のある事象に対する解決策（コロナウイルスへのワクチン開発、電気自動車の普及）が見つかるのではないか、もしくはそのような事象の二次的な産物（米中対立により、米国と中国で世界を二分する経済圏を形成する）があるのではないか、という内容が多く見てきま

5『「指数連動型」投信に1兆円超　若年層が流入、1～6月最高』
https://www.nikkei.com/article/DGXMZO61570370W0A710C2MM0000/
?fbclid=IwAR0VerrbiHr1BT_PU4WB0ko67b-oTnPnFGI-PORTwsWvl5jTPt3INRgrnfA

した。

　このような投資テーマを追っていくには、広い視野を持ち、常にニュースなど目を配り、継続的に情報の〝点〟と〝点〟を繋げていく努力をしていれば、主に人口動態、経済基調や業界トレンドなど、短期ではなく中長期での変化が起こるというテーマは見つかるもの、と感じていました。しかし個人投資家にとって、常に情報を追い続け、中長期の投資テーマを定め、そして投資実行へ、という過程は多くの労力がかかる割には、デイトレーダーのようにすぐにリターンという形で結果が見えるわけでもありません。従って、個人投資家にとっては、あまり面白みが分かりにくい投資手法でもあります。

　一方プロ投資家は、毎四半期や毎年の運用パフォーマンスで実力を測られることも多く、個人投資家ほど年単位での投資時間軸を持っていないケースがほとんどです。たとえ興味深い投資テーマが見つかっても、投資の神様と言われるウォーレン・バフェット氏のように、数年にわたって継続的に投資できるとは限らず、不本意ながら投資テーマに沿った銘柄の売却を途中で迫られたり、新たな短期的な投資テーマを追う、という、本来自らが持っている、中長期的な投資テーマの視点をフルには活かせていないのも実情です。

そこで、プロ投資家との1）情報の非対称性（継続的に点と点を結ぶ作業）と2）時間軸のミスマッチ（短期vs.中長期）を少しでも個人投資家が埋められれば、個人投資家にとっても、機関投資家の投資テーマを、中長期の目線で投資しやすくなるのでは、と思っております。

個人投資家の中長期投資のサポートとなるように

先述の通り本書は、投資入門編・投資初心者向けの記事や本は既にご覧になられた方、もしくはご自身の資産運用について考えを深めたい方向けに、と考えております。言い換えれば、短期目線やプロなど専業で資産運用されたい方ではなく、中長期的な視点（1年以上の投資視点）で、あまり時間もかけられないけど、自分が納得する投資先を探す、もしくは投資方法をとりたい、という投資中級者（玄人まで行かない方）の皆様にご覧いただきたいと考えております。

従って本書の構成は、下記の通りとしております。

まず第1章にて投資の基本を復習していきたいと思います。その後第2章では、中長期の投資テーマを考える上でのトレンドなり、いくつかの特定業界の流れについて、ご紹介していきたいと思います。そして第3章では、第2章のテーマを元に、日本の上場株式を中心に、注目すべき銘柄について紹介してみたいと思います。

但し、『投資は自己責任』という原則だけは忘れないでください。この本が、読者ご自身の投資の助けになれば、大変うれしく思います。

そして最後になりますが、この本の出版に当たり、大島様を始めとした日本橋出版の皆様、加えて、これまで一緒に金融業界で仕事させていただいた各方面の皆様、そして家族や周りの方に感謝したいと思います。

第1章

投資の基本のおさらい

簡単に投資の基礎について、ですが、様々な投資基礎情報が溢れていますので、どれを参考にしていただいても構いませんが、ここでは金融庁の『投資の基礎』に沿ってご説明しようと思います。

投資という行為は、大抵の場合、株式や債券と呼ばれる証券などの金融商品へ資金を投じて、その代わりに当該商品を取得する、ことを指します。同時に投資は銀行に預金を預ける行為（所謂貯金・貯蓄）とは異なり、また貯蓄ほどすぐには取り出せない場合が多い（流動性が低い）ということをご認識ください。従って投資を行うには、証券会社や資産運用会社など、金融業者が仲介をすることで、投資家の資産保全や取引が投資家の意図通りに行われている、という安全性を担保できるように仕組みが整っています。また投資を始めるには、銀行口座のみならず、証券会社で使用する、証券口座など口座の設定が必要です。

投資資産クラスの特徴（株式・債券・為替・その他）

投資する商品は様々なものがありますが、大まかな説明をしていきます。

株式

株式を保有することは、大抵の場合、他の人と一緒に、特定企業の経営権の一部を持つこと、といえます。企業にとってみると、株式を売り出して外部から資金調達できますし、投資家はその企業の経営権や会社の大まかな方針に意見を述べることが可能になります。一方注意点は、経営権の持ち分が多い方（オーナー、企業、投資家等）の声が当該企業の方針に反映されるため、たとえ株式保有し、ご自身の意見は伝えられても、当該企業へ大きな影響力があるかどうかは、別問題です。

また上場企業と呼ばれるような、証券取引所（東京証券取引所やニューヨーク証券取引所など）で売買がされている企業の株式は評価されている企業価値の価格が分かりやすく、また証券会社を通じて、比較的安易に企業株式が売買可能となっている一方で、非上場会社と呼ばれる証券取引所では売買できない企業の株式は、売買が難しいケースが多く、たとえ可能であっても、仲介の方に高額な手数料などを支払うケースが多くみられます。

一般的に株式投資と言われるものは、上場企業の株式へ投資であり、長い歴史もあることで、伝統的な投資手法の一つと考えられています。

債券

債券の保有は、大抵の場合、他の人と一緒に、特定の国や企業に資金を貸出すことで得る、借金弁済の権利に当たります。また借入主体が国であれば国債、企業であれば社債であり、資金を外部から借り入れた主体が、当初約束した金利を定期的（毎年や毎四半期など）に、そして元本も返済期日（1－5年など）までに投資家へ払い終える、というのが特徴です。債券投資家にとって、当初約束した内容で、借入主体から返済があるので、長期的にお金の流れが予測しやすくなったり、貸出期間が長くなると、借入主体の返済リスクが増す、という観点から、見返りに高い金利を要求できる傾向にあり、より利益が上げられやすくなる、というメリットがあります。また借入主体からすると、長期的に資金を安定的に確保でき、返済するまでは金利返済のみでも可能であったりするので、資金調達の負担も低減されます。

一方で債券は、借入期間（年や月単位）、金利（%）、弁済順位、担保あり・なし、など詳細な内容が多く設定可能であるため、株式市場のように、同企業の株式が同価格（一株一価）で取引されているとは限らず、多くの国や企業で様々な価格の債券が出されています。加えて株式市場が証券取引所で売買されているものの、債券は基本的には金融機関同士の相対取引がメインになっていますが、流通量が多いために、仲介への手数料はかなり限定的となっています。

債券投資の多くは、国債や優良な（高格付けな）企業の出す社債への投資を指し、期間と利息から数学的に価格を割り出しやすく、且つ安定した資金の流れが見えるため、株式投資と一緒に伝統的資産と見なされ、多く活用されています。

為替

米ドル円、とかに象徴されるように、自国通貨と他国通貨の交換に当たります。それがドルと円、ユーロとドル、英ポンドとユーロ、英ポンドと中国人民元など、様々な2つの通貨の交換になり、基本的に世界中で毎日（開いている市場がある限り）取引され、レートが変動しています。

また為替は、ペアになる通貨間の相対価値の変動、ともいえるので、米ドル円相場において、円高（円の相対的価値上昇）ではドル安（ドルの相対的価値下落）という意味であり、逆に円安（円の相対的価値下落）はドル高（ドルの相対的価値上昇）ともいえます。

そして日本国内のみならず、国外の市場に投資を行う際には、日本円から対象通貨への変換、為替取引が必要となり、また国外資産の時価を測る際にも、為替レートを使って日本円なり自国通貨に計算するわけです。そういう意味でも為替は投資において、重要な一部分となります。

その他

上記の以外の金融商品を、一般的にオルタナティブ商品（その他の金融商品）と呼びます。ここには、未上場株式や不動産、インフラ、そしてファンド投資などが該当します。オルタナティブ商品の特徴としては、一度投資すると、中長期間において換金しにくい（流動性が低い）、また換金する際には高い手数料を支払う必要があります。換金性が悪いことから、投資家の多くは伝統的資産に比べて高い投資リターンを求める傾向にあります。一方で、オルタナティブ商品のデメリットに着目し、上場企業株式のように証券取引所にて簡単に売買できるように、尚且つ企業投資のように不動産投資ができ、税制も優遇される形で、という意味で、不動産投資信託（リート）などへの投資も多く見られています。

投資リスクとリスク分散のための投資手法（業種、国、時間）

投資をする、ということは投下したお金と交換で、金融商品を取得すること、でしたが、様々なリスクも紐づいてきます。その中でもいくつかに分類ができます。

①価格変動リスク

株式では、株価変動リスクと呼ばれ、株価が上下変動する可能性があり、その要因は日本国内外、各国の景気や経済の動向、政治や経済の情勢のほか、企業業績など、複合的にかみ合って起こる可能性があります。

債券では、金利変動リスクと呼ばれ、金利の上下変動により、債券の市場価格が変動する可能性があります。また金利と債券価格は逆の動きをしますので、金利上昇は債券価格の下落を意味し、金利低下は債券価格上昇となります。

為替では、為替変動リスクと呼ばれ、異なる通貨の為替相場や他の金融相場の動きにより、外貨建ての円換算による金融商品の価値が変動する可能性のことを指します。

②投資先の信用・破綻リスク

信用リスク（デフォルト・リスク）と呼ばれており、所謂株式や債券などを発行している主体が、財政難や経営不振などを理由に元本や利息の一部または全部を返済する能力がなくなる可能性を指します。もし主体が破綻となると、基本的に株式価値が一番最初の損失（毀損）を出し、株式価値はゼロとなり得ます。

③売買リスク

流動性リスクは、市場で金融商品を売りたいときに売ることができなかったり、希望する価格で売れなかったりする可能性があるということです。

上記リスク低減の方法の中でも有名なのが、分散投資です。また分散投資にもいくつか異なる方法があります。

資産クラス（株式・債券・その他）分散やその資産クラス内での銘柄分散

投資対象となる資産クラスや、株式・債券等の銘柄は多数あるものの、それぞれの資産は、異なる動きをするわけです。このような資産間や銘柄間での値動きの違いに着目し、異なる値動きをする資産を取り入れながら投資し、リスク分散を図ります。

日本国内や海外（米国、欧州、アジア、先進国・新興国）という地域分散

投資対象の異なる場所や事情、為替変動により、投資する資産の値動きも異なります。こうした対象地域による値動きの違いに着目し、異なる状況にある地域の資産や銘柄、通貨を取り入れる投資が地域分散であり、価格変動のリスク等を軽減することができます。

投資のタイミングを一つとせず、時間（時期）をずらす時間分散

一度に多額の投資を行うのではなく、積立投資のように、定期的に投資を行うことで、高い価格で少なく投資する時期と、低い価格で多く投資する時期が生じ、長い目でみて価格が平準化されることで、一時の価格変動リスクを取らない、という時間分散（所謂ドル・コスト平均法）のリスク分散手法になります。

低コスト投資（インデックス投資）の勧めとは

投資する先の国や企業、株式や債券、またリスク分散のための分散投資がたとえ理解できたとしても、そこからどのように投資すべきか、という疑問が残ります。そこで一つヒントとなるのが、投資の神様と言われるウォーレン・バフェット氏のコメントにあると思います。それは、S&P500（米国の株式指数の一つ）を模倣したファンド、所謂インデックスファンドに長期的

に投資すべきだ、ということです。それは2020年のコロナ禍で行われた、バフェット氏の会社の年次総会でも話していました。[6]

インデックスファンドの特徴としては、市場全体のパフォーマンスを模倣しているおり、また低コストで、且つ少額からの投資が可能である点です。インデックスファンドは日米株式市場以外にも多種多様にあり、個人投資家の方でも証券会社に口座を開けたら、様々な資産クラスに、地域分散と時間分散を行いながら投資できますので、長期投資の一助にご活用ください。

インデックスファンドから内容としては逸れますが、この本はインデックス投資自体は、既にご存じであり、もうワンランクアップして、自ら銘柄を考えてみたい、という投資中級者向けの本になりますので、ご理解の程よろしくお願いいたします。

---

6 "Warren Buffett: For most people, the best thing is to do is owning the S&P 500 index fund"
https://www.cnbc.com/video/2020/05/04/warren-buffett-investing-advice.html

第2章 中長期での投資テーマ探し

この章では大きく4つのトピックに分けて、中長期で注視していきたい、投資に関連するテーマを少しずつ解説していこうと思います。

米中対立を起点とした、世界動向の流れ

2018年末時点でGDPトップ2か国である、米国（20.5兆米ドル）と中国（13.5兆米ドル）（ちなみに日本は、約5兆米ドルで第3位）。予測によって多少の違いはあるものの、2030年あたりまでには中国が世界最大の経済国（GDPベース）になると見られています。

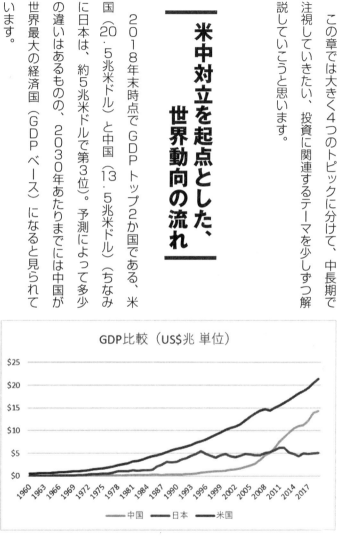

第2章　中長期での投資テーマ探し

将来の経済大国や世界での覇権（経済面の内容だけ触れますが）をめぐり、2017年の米大統領就任後、自国第一主義を掲げているトランプ政権が一環として〝ディール〟を仕掛けていた相手国の中国。互いに貿易関税を掛け合い、中国の通信機器会社の華為技術（ファーウェイ／HUAWEI）と中興通訊（ZTE）などへの米国で活動禁止（所謂制裁）等ありました。このような両国間の貿易協議は、紆余曲折ありながらも、2020年1月に貿易協議の第1段階合意に達し、粛々と互いに履行する予定ではありました。しかし同時に中国・武漢市から発生し、世界中に広まった新型コロナウイルス（COVID19）に影響により、2020年3月初旬から米国でも外出規制や都市ロックダウンなどが始まり、米国は急激な景気後退期へと突入（2020年4－6月の実質GDP成長率は前年同期比でマイナス9.5％、2008年9月に発生した世界金融危機、所謂リーマンショック時のマイナス2.1％よりも深刻な景気後退となりました）。トランプ大統領が新型コロナウイルスを「チャイナウイルス」と誇張し、さらに米中対立が深まったといえるでしょう。

一方中国は2020年2月から武漢市を中心にロックダウンを実施、海外への渡航禁止や海外からの渡航ビザも無効にし、1979年以来初めてのGDPマイナス成長へ転じました。しかし国家全体で強力なロックダウンを敷いたことから、5月あたりには武漢市のロックダウンも解除となり、いち早く経済成長へと転じ、2020年4—6月期は他国がほとんどマイナスである一方で、中国のみGDPプラス成長（＋3.2％）となりました。[7]

米中関係の波紋があり、当初の両国貿易の関税掛け合いに加えて、様々な対抗措置の打ち合いが連日行われ、リストにしたら枚挙のいとまがない、のですし、筆者が書いている間にも新たな出来事が出てきていると思いますが、一部は下記のような問題だといわれています。

メディア：2020年2月に新型コロナウイルス報道を契機に、中国政府が米紙3紙の米国人記者に記者証を返還するよう命じたことから、対抗措置として、米政府も同年3月に5つの中国系報道機関の米国内の記者数に上限制を導入。[8] また5月に中国人記者の米国滞在を90日間に制限。[9]

スパイ疑惑：2020年6月にスパイ行為の疑惑があったとして、中国人研究員を米政府が拘束。[10] また同年7月に査証不正取得に関連して、米サンフランシスコの中国総領事館に逃げ込んでいた中国人研究者を拘束。[11]

両国領事館閉鎖：2020年7月に米国の在ヒューストン中国領事館を米政府から閉鎖命令。そして対抗措置として、中国の在成都米国領事館へも中国政府から閉鎖命令。[12]

人権や香港問題：中国政府による少数民族（Xinjiangなどの例）への弾圧、また香港の国家安全法（2020年7月）からの施行に対する人権問題。[13][14] また香港での米国ジャーナリストのビザ更新不可やニューヨークタイムズは香港を拠点にしているデジタルニュース事業を香港から韓国・ソウルに移転[15]

---

7 『China GDP growth headed for 5.2% in Q3 rebound: Nikkei survey』 https://asia.nikkei.com/Economy/China-GDP-growth-headed-for-5.2-in-Q3-rebound-Nikkei-survey

8 『米、中国メディア5社の記者数に上限　新華社など対象』 https://www.nikkei.com/article/DGXMZO56305120T00C20A3000000/

9 『米中対立、報道でも再燃　中国人記者のビザ更新で』 https://www.nikkei.com/article/DGXMZO62340830V00C20A9000M00/

10 『米ロサンゼルスで中国人科学者を逮捕、人民解放軍所属のスパイか』 https://www.afpbb.com/articles/-/3288155

11 『米、逃走の中国人研究者を拘束　「ヒューストン総領事館はスパイ網の一部」 https://www.cnn.co.jp/usa/35157216.html

12 『中国、米国に成都の総領事館閉鎖を要求ーヒューストン閉鎖に対抗』 https://www.bloomberg.co.jp/news/articles/2020-07-24/QDYHIFT1UM0W01

13 『香港国家安全法、中国は再検討を　27か国が共同声明』 https://www.afpbb.com/articles/-/3291211

14 『米政府、ヒューストンの中国総領事館の閉鎖を命令、中国も成都の米総領事館の閉鎖通知で対抗』 https://www.jetro.go.jp/biznews/2020/07/8a4ba84b9d20f863.html

15 『NYタイムズ紙、香港スタッフの一部をソウルに　国安法で懸念』 https://www.bbc.com/japanese/53413349

領土・領海問題：中国と周辺国との国境や海峡などの問題再燃（日本とは尖閣諸島問題[16]、台湾問題、東南アジアは南シナ海問題[17]、インドとは国境問題等[18]）

データと中国共産党との繋がり：中国企業と中国共産党によるデータプライバシー保護が不透明[19][20]、という点から、ファーウエイやZTEなど米国市場や欧州市場（英国・フランス・そしてドイツ）から締め出し。[21]そして両社の通信技術を活用する通信会社は、2020年8月に米国務省が出した〝5Gクリーン通信業者〟に採用されない。[22]

さて今後両国のリーダーに関しては、中国側は習近平主席が（もしかしたら永久的に）在任すると見られている一方で、2020年11月の米大統領選により、米共和党のトランプ大統領の再選か民主党のバイデン候補の当選が判明します。2021年からの大統領により多少の違いはあると思いますが、トランプ大統領が仕掛けた米中対立の構図自体は変化しにくいでしょう。それは所謂、中国企業が米国製品を使えなくなる、または中米間での企業のM＆Aは例外を除き、各国の規制当局により、何らかの形で妨害されることが予想され、マクロの経済圏として、まるで冷戦時代（米ソ対立による各々の経済圏形成）と似たように、米国を中心、また中国を中心とした2つの経済圏が形成されようとしています。日本のように輸出先で第1－2位の二か国に、今後も友好的にどのように対応、関係構築していくか、引き続き重要になると思います。

このセクションでは、米中対立において争点となっている業種とそうでない業種をピックアップし、解説していきます。

16『尖閣漁船衝突から10年 中国の領有権主張の動き強まる』
https://www3.nhk.or.jp/news/html/20200907/k10012604441000.html
17『「強引さ」増す中国、周辺国と紛争の恐れも　南シナ海情勢』
https://www.cnn.co.jp/world/35157230.html
18『中国との緊張続く　国境紛争、政権は慎重対応―インド』
https://www.jiji.com/jc/article?k=2020090600249&g=int
19『U.S. Officials Say Huawei Can Covertly Access Telecom Networks』
https://www.wsj.com/articles/u-s-officials-say-huawei-can-covertly-access-telecom-networks-11581452256
20『米国がファーウェイを恐れる本当の理由は、ネットワークの「裏口」の威力を認識しているからだった？』https://wired.jp/2020/02/14/huawei-backdoors-us-crypto-ag/
21『欧米に締め出されたファーウェイ、東南アジアで5G市場狙う』
https://www.newsweekjapan.jp/stories/world/2019/07/5g-5.php
22『米国、ファーウェイら中国5社を徹底排除…使用企業は政府との取引禁止、日本企業も標的に』https://biz-journal.jp/2020/08/post_173831.html

半導体と通信（5Gテクノロジー）

2020年に入り米中対立がより深刻になった業界はこの2つであると思います。といってもどのように米中対立が影響しているかは分かりにくいと思うので、概要から説明していきます。

半導体は現代技術に欠かせない部品であり、パソコンや携帯、スマホ、サーバー（USBなど含む）に活用されています。また技術発展が早く、且つ継続的に多額の研究開発投資が必要であり、また在庫管理も難しいため、需要と供給のマッチングがとても重要な業界です。また需給調整は短期で行われやすいため、業界の変動も激しいです。半導体の用途も様々ですが、大きく分けてメモリ系と非メモリ系が存在します。メモリ系は、特に

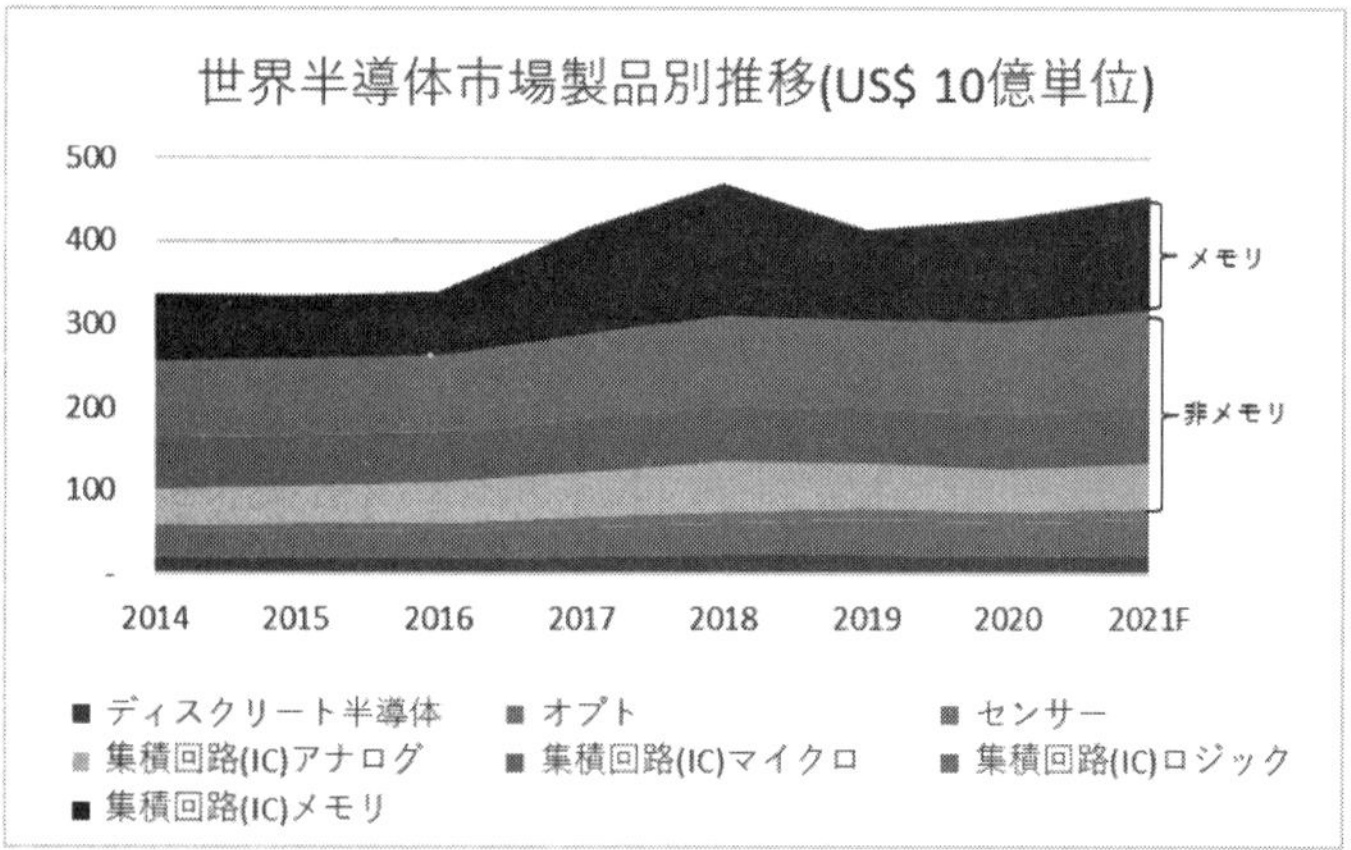

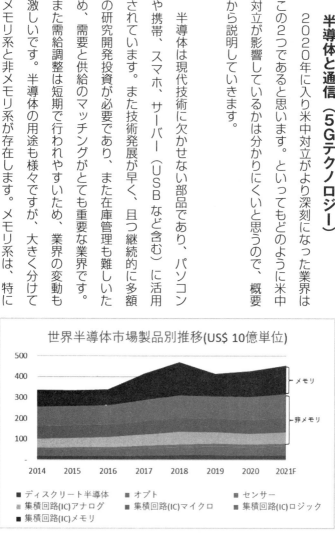

データセンター（サーバーや通信機器を設置した施設）向けに使用されるNANDフラッシュやDRAMなどであり、一方で非メモリは5G向け基地局投資や5G対応スマホに使用される集積回路などになります。[23]

そして5G（第五世代の移動通信手段）ですが、『高速大容量』、『低遅延』、『多数同時接続』を特徴とした、超高速の通信システムであり[24]、高速でYoutubeなどの高画質動画の視聴が可能になったり、自動車の自動運転化や、AR（拡張現実）やVR（バーチャルリアリティー、和訳は『仮想現実』）などを楽しむエンターテイメント向けにも役立てられ、所謂IoT（インターネット・オブ・シングス、和訳は『モノのインターネット』）という、様々なものがネットに繋がる時代には欠かせない通信手段になります。[25]

これらを前提に、現在の半導体産業は、開発と製造を分離するという国際分業体制の下で成り

23　『5G主導で半導体市場に持ち直しの動き』 https://www.jri.co.jp/page.jsp?id=35559
24　『「5G」向け投資で浮上する半導体業界』 http://www.nomura-am.co.jp/fund/news/pdf/20200219_709817F1.pdf
25　『5G時代の到来』 https://www.daiwa.jp/products/5g/

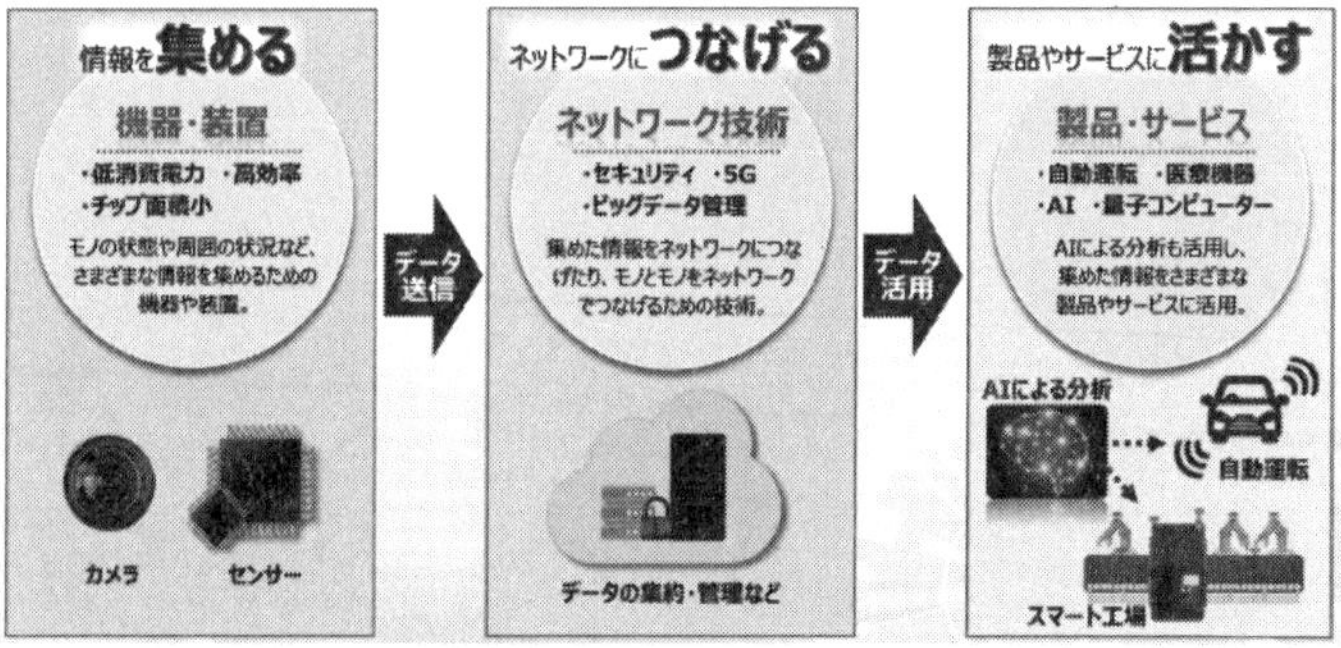

立っています。半導体の開発においては、世界各国の企業が実施し、台湾積体電路製造（ＴＳＭＣ）などファウンドリーとよばれる製造ラインを備えた企業が受託生産します。その製造ラインには、東京エレクトロンなどの日本企業製やアプライドマテリアルズなど米国企業製の高性能な半導体製造装置が欠かせません。

５Ｇ対応の通信基地用の機材や携帯を製造しているファーウェイは、従前台湾のＴＳＭＣに半導体製造を委託、調達していましたが、米政府による2020年5月からの規制強化（具体的には、アプライドマテリアルズのような米国製の製造装置を使った半導体についてファーウエイ向けの輸出を禁止する処置）に伴い、ＴＳＭＣからの調達が難しくなりました。そこで中国政府は国有企業（ＳＯＥ）の1つである、中芯国際集成電路製造（ＳＭＩＣ）への出資を増やし、ファーウエイもＳＭＩＣへの委託を増やす方針を出しました。加えて、台湾の聯発科技（メディアテック）と中国国有企業の紫光集団系の紫光展鋭（UNISOC）も新たな委託先となる模様であります。

２０１９年末から一部報道で米国の規制について報じられていたこともあり、実際の規制強化導入は２０２０年５月になってから、だったが、ファーウエイ自身も徐々に一部の半導体生産をSMICに移管し始めていたそうです。その流れに応じて、中国政府は新型コロナウイルス対策で都市封鎖（ロックダウン）などを行っていた２０２０年２月から５月の期間中にも、SMICやUNISOCなど国家にとって重要な企業等を稼働させており、国内企業による半導体関連事業の開発（所謂インソーシング）を進めてきました。[26]

また米中関係悪化を契機に、中国の半導体製造会社が米国製の半導体製造装置を使用できなったことで、スマホ各社は調達先としてサムスンの西安工場を頼らざるを得なく、漁夫の利のよう

26 『中国が3兆円国家ファンドで狙う「次の東京エレクトロン」』 https://business.nikkei.com/atcl/gen/19/00113/050700C14/?n_cid=nbpnb_fbed&fbclid=IwAR3pXG6LISNNXly4eh4zKqko1JGlQHJi0lHj5Z3JR5MWD3A0HOPI2wRsTL0

に、韓国のサムソンに一時、大きな受注が回ってきたようでもあります。[27]

また時を同じくしてＳＭＩＣは２０２０年７月16日に上海のハイテク関連株式市場『科創板』に上場して７０００億円程度を調達したそうです。[28]（比較対象として、東芝が40％を保有しているキオクシア（旧東芝メモリ）というフラッシュメモリーを製造している会社も、元々２０２０年10月に東京証券取引所１部に上場予定で時価総額約２兆円程度[29]、と見られていましたが、結局上場延期となりました。）[30]

『ＳＭＩＣへの投資家の強い関心は、習近平（シー・ジンピン）指導部が国策で進める半導体国産化の恩恵を受けるとの期待が背景にある。…米国は２０２０年５月、米国製の製造装置を使った華為技術（ファーウェイ）向け半導体の輸出禁止を表明しており、習指導部にとり国産比率の向上は喫緊の課題だ。中国政府は今後も採算度外視で関連産業への投融資や補助金を続ける公算が大きく、ＳＭＩＣも後押しを受けるのは確実だ。』[31]

このような中国政府を含めた半導体関連の国内回帰の動きを発展させている一方で、米政府は2020年8月に更なる、対ファーウエイ包囲網を構築すると通知しました（同年9月15日から導入済）。具体的には、米国製の製造装置や半導体設計支援ツール（EDA）などの設計ソフトを使用し製造した半導体（米国製でも米国外のもので）は、禁止リストに載っている会社（ファーウェイやSMICを含む）に供給する前に、事前に米政府の許可が必要である、という内容です。許可が下りればもちろんファーウエイに供給はできますが、許可自体かなり難しく、大半の半導体製造の現場で米国製が使われており、事実上ファーウエイに対する供給禁止と同様の意味になります。[32][33]

27『米中ハイテク摩擦、サムスンに「漁夫の利」も』https://www.nikkei.com/article/DGXMZO60251900R10C20A6FFJ000/
28『SMIC shares sink』https://jp.reuters.com/article/smic-stocks-idCNL4N2G4275
29『キオクシア、時価総額「2兆円上場」に潜む死角』https://toyokeizai.net/articles/-/374094
30『キオクシア、上場延期へ　米のファーウェイ規制影響』https://www.nikkei.com/article/DGXMZO64301060X20C20A9 00000/?n_cid=DSREA001
31『中国半導体SMICが上場　調達額、7600億円規模』https://www.nikkei.com/article/DGXMZO61573950W0A710C2FFE000/
32『対ファーウェイ、日台韓で2.8兆円の部品供給停止リスク』https://www.nikkei.com/article/DGXMZO63645210Z00C20A9EA2000/
33『サムスンとSK、ファーウェイとの半導体取引を中止』https://news.yahoo.co.jp/articles/76d7b9b78096d6a08ceed19ad74a14d4d8b0a002

米国の対ファーウエイの施策により、中国の隣国であるが軍事的（また経済的にも）米国と繋がりの深い日本や韓国（上記のサムソン）の企業は、短期的には米国側につくことになるでしょうし、当初想定されていた、台湾のTSMCが失った半導体製造需要の恩恵を受けるような状況にはならない模様です。一方で中国最大の貿易相手国（製造業など）は依然として米国であり、関税などの貿易障害は中国にとって解決しないで済む問題でもなく、また半導体業界のように技術が日進月歩で進化し、米国の対中規制強化が進んだことで、SMICもすぐに半導体製造の開発できないという状況にほぼ陥ったことで、今後も両国間の様々な展開が予想されます。

SNS（Tiktokを中心に）

冒頭でも簡単に触れたように、ファーウエイを含む5Gの通信技術はこれから世界中の重要な通信インフラ（ハード面）として広まっており、実際に中国にとってはデジタルシルクロードや一帯一路という国家戦略も相まって、中国企業の国際展開、特に東南アジアなどへ注力している模様です。[34]その一方で、アプリなどソフト面ではどうなのでしょうか。

前提として、中国国内ではFacebook、TwitterやGoogle、LINEやWhatssupなど米国や韓国など他国にて開発したアプリが使用できるわけではないのですが、一方で中国政府は同国内で使用を認めていないTwitterを活用して、同国外交部（日本の外務省同等の機関）からの対外的な発信をしています。またTwitter社も2020年6月に多くの中国政府関連とみられるアカウントを削除、というニュースもあり[35]、報道が正しければ、中国政府も海外SNSの影響力を駆使して対外的な活動をしているようです。

そこで米中対立のもう1つの焦点となったのは、中国発の人気動画アプリ「TikTok」です。同アプリは中国のBytedance社(2012年創業の中国IT企業)の傘下で、中国国内でニュースアプリ「今日頭条」や動画アプリ「抖音（トウイン）」を展開し、この国際版に当たるのが、(2017年のmusical.ly社買収後、特に広く展開された)[36]「TikTok」です。

34 『5G分野で東南アジアに攻勢強める中国企業』 https://www.jetro.go.jp/biznews/2019/09/4b2f71603f4582ea.html
35 『ツイッター、中国政府寄りのアカウント17万件を削除　新型コロナ関連で世論誘導』 https://www.cnn.co.jp/tech/35155207.html
36 『China's Bytedance buying lip-sync app Musical.ly for up to $1 billion』 https://www.reuters.com/article/us-musical-ly-m-a-bytedance/chinas-bytedance-buying-lip-sync-app-musical-ly-for-up-to-1-billion-idUSKBN1DA0BN

ここから話が少し複雑にはなりますが、既に2020年以前からソフト面での米中対立に関する伏線もありました。2020年2月にトランプ政権は米財務省などが管轄する対米外国投資委員会（CFIUS）という、海外企業による米国内の企業買収を審査する機関の権限を強め、外国企業の投資によって「米国民の個人情報に、外国政府か外国人がアクセスできるかどうか」を審査項目に加えました。その影響と米中対立の流れから、同年3月にトランプ政権は、中国IT企業である、北京中長石基信息技術に対し、宿泊者の情報が中国当局に渡るリスクを警戒し、同社が2018年に買収した米国のホテル向け情報サービス「ステインタッチ」を売却するよう命じました。加えて、中国ゲーム会社の北京崑崙万維科技も2019年3月のCFIUSの命令により、同社が2016年に買収した世界最大のLGBTソーシャルアプリ『Grindr（グラインダー）』を米国の投資会社、『SanVicenteAcquisition（サン・ヴィセンテ・アクイジション）』に売却しました。[38] 同性愛者が多く使う同アプリユーザーの位置情報からメッセージ、さらに性的嗜好やエイズウイルス（HIV）感染状況などにかかわる極めて重要な個人情報を蓄積し、それをユーザーに同意もなく第三者に引き渡していたことを、CFIUSが問題視したため、だそうです。

TikTokに話を戻すと、まず中印間の国境対立を反映させた形で、2020年6月29日にインド政府が中国発のアプリ（Bytedance社のTiktokやTencent社のWechatなど）の使用停止という対抗措置を発表しました。[39] その後、2020年7月から施行された香港の国家安全維持法に基づく将来の利用者情報共有などから手を引くためか、またはグローバル市場でのブランド守るためか、同年7月にTikTok自身も香港からの撤退を発表しました。[40]

そして米国も様々な米中対立の流れから、Bytedance社が2017年に買収したmusical.ly社に関して、CFIUS議長でもあるムニューシン財務長官から、「1億人の利用者の個人情報が中国に流出する懸念がある」と米事業の切り離しをトランプ大統領に勧告し、Bytedance社が中国のインターネット安全法／国家情報法で、当局へあらゆる協力が求められ、「ティックトックの米事業も北京からデータベースにアクセスできる以上、常に個人情報が抜き取られるリスクが

37『米が中国企業に売却要請、LGBT向けアプリ事業』https://www.nikkei.com/article/DGXMZO43040030Y9A320C1FF1000/

38『Grindr、米国当局からの懸念を受けて中国企業が株売却』https://news.yahoo.co.jp/articles/d4353864885258004a097ec4aaaa6deab7d8cf88?page=1

39『インド、「TikTok」など禁止　中国との国境係争背景か』https://www.nikkei.com/article/DGXMZO60952560Q0A630C2000000/

40『TikTok香港撤退　中国製アプリに透ける限界』

ある」という理由の元、2020年8月6日にトランプ大統領が同社に対して、同年9月15日までに米国事業の売却命令を出しました。[41] その後同年8月14日にトランプ大統領が正式な売却命令を法律に基づき発令、一応90日以内の売却となっていますが、当初の予定通り9月15日までに米企業などに売却しないのであれば、取引禁止とする、とトランプ大統領が発言したそうです。[42]

一部報道によると、米国のVC（セコイアやジェネラルアトランティック等）[43]、マイクロソフトやウォールマートがTikTokの買収検討、また米政府とも協議といわれていました。[44] 売却する方からすると、TikTokというアプリ（1つのプロダクト）としての生き残りを考え、また中国外の市場サイズを考えると、国際版のTikTok（6500万人ユーザーの成長市場である米国）を他のオーナーに保有を通じてより羽ばたいてもらう、という絵は描きやすい話かなと思いました。

しかし一方で同年8月28日に、中国の商務省と科学技術省が発表した「中国輸出禁止・輸出制限技術リスト」のリストを2008年以来初めて改訂し、輸出制限の対象に人工知能（AI）や個人向けのデータ解析などを加え、TikTok の資産を対象とし、Bytedance 社の TikTok の米国事業売却に中国政府の許可が必要となりました。[45][46]

その後も、ByteDance 社が米政府を提訴[47]や、以前目論んでいた、米国のＩＰＯ上場を諦め、上海・香港での上場を目指す[48]、などの話もあり、そして日本も自民党のルール形成戦略議員連盟が似たような規制の必要性を議論している、と言われています。[49] 本件に関して、ファーウエイと同じように、たとえ2020年9月15日以降も様々な動向が見られるかと思います。

---

41 『トランプ氏、TikTok排除へ強権　売却不成立なら禁止』 https://www.nikkei.com/article/DGXMZO62284900U0A800C2FF8000/
42 『米大統領、バイトダンスに「TikTok」売却を正式命令』 https://www.nikkei.com/article/DGXMZO62686820V10C20A8NNE000/
43 『US investors try to buy TikTok from Chinese owner』 https://www.ft.com/content/2b79b921-0b8c-4230-8699-190a949f6418?segmentid=acee4131-99c2-09d3-a635-873e61754ec6
44 『マイクロソフトとバイトダンス、ＴｉｋＴｏｋ買収交渉を保留』 https://news.yahoo.co.jp/articles/074bb5fdce058d963e67148543fd2345255a6991
45 『中国、技術輸出の規制強化　TikTok売却交渉に影響も』 https://www.nikkei.com/article/DGXMZO63224160Q0A830C2FF8000/
46 『[FT]米中ハイテク分断 中国の逆襲』 https://www.nikkei.com/article/DGXMZO63681570Q0A910C2TCR000/
47 『TikTok、米政権を提訴へ　トランプ氏の売却介入に反発』 https://www.nikkei.com/article/DGXMZO62958260T20C20A8I00000/
48 『ティックトック上場検討か　中国事業、香港か上海に』 https://news.yahoo.co.jp/articles/789fac31e5164ad8a77a495757035d72cfeb53bc
49 『TikTok念頭　情報漏れ防止策 自民提言』 https://www.nikkei.com/article/DGXMZO63688090Q0A910C2PP8000/

金融

米中対立のもう1つの火種は、2014年9月に上場したアリババのような、多くの中国企業が目指していた米国市場（NYSENASDAQ）での上場制限案であります。下記ニュース（2020年5月20日）に詳細が書かれております。

『米取引所大手ナスダックは新規上場ルールの厳格化に乗り出す。海外企業は新規株式公開（IPO）時に、最低でも2500万ドル（約26億円）、または時価総額の25%相当の金額を投資家から調達するよう義務付ける。監査状況についても新たな審査基準を設ける。……

ナスダックは上場ルール変更案の中で、制限の対象として中国企業を名指ししていない。ただ、ナスダック上場を目指す海外企業の多くは中国資本で、資金調達額が小さく、流動性に乏しい銘柄も目立つ。新ルール適用によって中国企業が最も影響を受ける。……

ナスダックは上場申請企業の監査状況をより厳しく審査する方針だ。SECや上場企業会計監視委員会（PCAOB）の調査に制限がかかっている国・地域の企業を対象にする。PCAOBは上場企業の会計監査を担当する監査法人を定期的に調査し、財務諸表の質を担保しようとしている。一方、中国政府は米当局による自国監査法人への調査を認めていない。監査を巡るナスダックの新上場ルールも事実上、中国を念頭に置いたものになっている。』[50]

SECとPCAOBによる指摘自体は様々な形で以前からありました。[51][52]

2020年になり米中対立も深まる中、この規制案導入へきっかけを与えてしまったのが、2019年12月期の売上を不正会計（売上の水増し）にてNASDAQから上場廃止通告を受けた、中国カフェチェーンの瑞幸珈琲（ラッキン・コーヒー）であります。同社のCEOとCOOは不正会計を理由に解任された、そうです。[53] また2020年7月31日に中国財政省の監督評価局が同社の不正会計事件について調査結果を公表し、2019年4月から12月末までに、同社が架空の商品券の取引により売上を21億1900万元（約318億円）水増ししてお

---

50 『米ナスダック、中国勢のIPO制限へ　米中対立飛び火』 https://www.nikkei.com/article/DGXMZO59319910Q0A520C2IC0000/

51 『Public Companies that are Audit Clients of PCAOB-Registered Firms from Non-U.S. Jurisdictions where the PCAOB is Denied Access to Conduct Inspections』 https://pcaobus.org/International/Inspections/Pages/IssuerClientsWithoutAccess.aspx

52 『Chinese Companies Listed on Major U.S. Stock Exchanges』 https://www.uscc.gov/chinese-companies-listed-major-us-stock-exchanges

53 『中国・新興カフェ、米国で「上場廃止通告」の真因』 https://toyokeizai.net/articles/-/351618?fbclid=IwAR3AAwjSyaAvEFceBvtfS9-8_n65vbtZMDhu2TwJy1rq3uJ6m2cqyYMpCY4

り、これは同社の同期間の売上51億5000万元（約773億円）の4割強に相当するそうです。[54] そして架空経費12億1100万元（約182億円）も計上し、純利益を9億800万元（約136億円）実際より多く報告していたようです。

米政府（トランプ政権）による対中政策という中で、『中国証券監督管理委員会（証監会）と中国財政省がアメリカの上場企業の監査法人を監督する公開会社会計監査委員会（PCAOB）と2013年に結んだ「覚書」を、トランプ政権が一方的に破棄する方針』という考えのようで、中国企業の米市場での上場されている250社全部が上場廃止のともいわれています。[55]

またこれに加えて2020年7月の香港での国家安全法への対抗措置として、トランプ大統領が同年7月15日に署名した『香港自治法』に盛り込まれた2段階の経済制裁の第二段階に、中国共産党・最高指導部の韓正副首相（香港担当）らを含む、香港の自由や自治を侵害したと見なされる個人や団体と取引がある金融機関も対象としています。具体的には（1）米銀による融資の禁止（2）外貨取引の禁止（3）貿易決済の禁止（4）米国内の資産凍結（5）米国からの投融資の制限（6）米国からの物品輸出の制限――など8項目が入っており、制裁発動までに1年という時間的な猶予を金融機関に与えております。現段階で対象を中国の金融機関に限っていないものの、この脈絡から中国銀行（BOC）や中国工商銀行（CIBC）、中国建設銀（CCB）など中国国有5大銀行も、将来的に米国からの経済制裁により米ドルへのアクセスができなくなる可能性も出てきているわけです。[56]

上記状況を加味し、中国企業や金融機関が今後の米国や米国株式市場での資金調達が困難になっていくのは想像に難くない、というのはご理解いただけるかと思います。また同時に、中国政府が国内から国外への外貨規制を敷いている中で、中国企業のIPO等を通じて外貨調達、またその調達の際の手数料などで、一定程度の経済的恩恵を受けていた米国の投資銀行（2020年1－8月の中国企業上場からの手数料収入は6億米ドル以上、とのこと）[57]や投資ファンドに

54『中国・新興カフェ、不正調査の結果を当局が公表』https://toyokeizai.net/articles/-/367202
55『アメリカの中国系企業250社に上場廃止リスク』https://toyokeizai.net/articles/-/363535
56『米、ドルで中国締め付け　香港巡り8つの金融制裁検討』https://www.nikkei.com/article/DGXMZO61524240V10C20A7000000/
57『中国企業の上場増、米投資銀に恩恵　手数料収入8割増』https://www.nikkei.com/article/DGXMZO64142880T20C20A9EE9000/

とっても[58]、この状況は必ずしも良いニュースではないでしょう。

この状況下でも、中国側も手をこまねいているわけではありません。コロナ禍における景気回復も含めて、中国の省や市などの地方政府が支援する投資会社が、インフラ投資用に中国国内で負債による資金調達（且つ規模も1000兆円）を行っている、そうです。[59]この借入の方法は、以前問題となりかけた、中国国内のシャドーバンキング（影の銀行）は、同国の信託銀行が高利回りの信託商品を組成し、多くの金額を募集（約320兆円に膨らんだ、との予測もあり）、高利貸ししていた、というとは少し意味合いが違うかと思います。[60]しかし地方政府の支援がみえるものの、日本のGDP2年分相当の約1000兆円という規模は計り知れない、と思いますし、シャドーバンキングも今後デフォルト等が危ぶまれている中、同国の金融システムに大きな衝撃を与える可能性があると考えます。

また株式での資金調達で報道されている件として、アリババ傘下のアント・グループは上海と香港での新規上場（IPO）を目指し、2020年8月25日に上場申請をしました。[61]アント・

グループはスマートフォン決済「支付宝（アリペイ）」や、個人の信用評価システム「芝麻信用」などを運用し、アリペイのユーザー数は世界で12億人以上とも言われ、この度の上場の時期や調達金額などはまだ明記されていないようですが、上場前の試算された企業価値は１５００億ドル（16兆円）規模と見られていました。[62] ちなみに日本最大のトヨタ自動車は２０２０年７月21日時点ですと、時価総額22兆円であり、純負債額（負債合計から現金相当分を控除、２０２０年３月現在）の23兆円を足すと、理論上は企業価値約45兆円になり、アント・グループ３つ分で説明がつく、という理屈になります。

しかし物事はそんな一筋縄ではないのが、この米中対立の難しいところであり、且つ金融はそれを象徴している部分もあります。具体的な一例としては、所謂Pre-ＩＰＯと言われる新規上

58 ibid
59『中国の地方「隠れ債務」膨張　傘下投資会社の起債5割増』https://www.nikkei.com/article/DGXMZO61732590Q0A720C2FF8000/
60『中国シャドーバンキングの重要な一角、デフォルト倍増の恐れ』https://www.bloomberg.co.jp/news/articles/2020-04-15/Q8SXPOT1UM0X01
61『中国フィンテック「アント」、上海・香港で上場へ』https://toyokeizai.net/articles/-/371573
62『アリババ系金融会社、香港と上海で重複上場へ』https://www.nikkei.com/article/DGXMZO61736150Q0A720C2EA2000/

場前の段階で多くの米国年金投資家や外国政府の運営するＳＷＦ（ソブリンウェルスファンド）などが中国企業に既に投資しており、投資家の資産成長を支えたのでは、と言われています。

たとえば、著名な投資ファンドである、SilverLake、WarburgPincus および CarlyleGroup は、２０１８年に行われた旧アントファイナンシャル（現・アントグループ）社の Pre-ＩＰＯラウンドで大量の資金を投資しており、同社にそれぞれ少なくとも5億ドルを投資したといわれています。[63] また同社は２０１８年に他にもシンガポールのＧＩＣ、KhazanahNasionalBerhad、CanadaPensionPlanInvestmentBoard、TemasekHoldings など著名なＳＷＦからも資金調達しており、同年で合計約１４０億ドルを調達した、そうです。またアント・グループ社のＩＰＯ価格にもよりますが、高い評価額で上場した際には、投資ファンド側にとっては高いリターンで換金できる可能性が出てきます。[64]

問題はもちろんアント・グループの例に限らず、様々な米国のプライベートエクイティファンドといわれる投資ファンドは、高い市場成長率や投資リターン期待も含めて、多くの中国企業に投資してきており、実際に投資家（そして年金基金であれば、その後ろの年金受給者）も結果として恩恵を受けているわけです。

恩恵を受けているのは米国投資家のみならず、今後中国に本格的に進出しようとしている米金融機関にもみられます。直近の例ですと、運用残高世界1位の米ブラックロック社が、中国本土における100％出資の資産運用会社（基金管理有限公司）の設立認可を2020年8月21日に受け、上海市に設立することができるようになりました。[65] また運用総額は6兆1千億ドル（約640兆円）で、米ブラックロックに次ぐ世界2位の運用会社であるバンガード社は、アジア戦略の見直しとして日本と香港市場から撤退し、アリババ傘下のアントグループと合弁会社を作り、外資金融規制緩和と成長している中国本土へ進出、と発表しました。同社は、世界で初めてイン

63『Ant Group' s IPO to spell bonanza for Silver Lake, Warburg and Carlyle』https://www.dealstreetasia.com/stories/ant-ipo-silver-lake-warburg-carlyle-199456/
64『PEのシルバーレイク、アントファイナンシャルにPre-IPOで巨額投資ーー米国年金基金が中国テック企業を支える形が鮮明に』https://note.com/watchdogger/n/n23cdf8ab3f73
65『中国本土で外資100％出資の運用会社に初の設立認可、ブラックロックが上海で設立』https://news.yahoo.co.jp/articles/6850f0f3f84dd47b7ca9a457b59a8a15b797c128

デックスファンドを個人向けに販売し、低コストを武器に資産残高を伸ばしてきましたが、近年はアジア事業の見直しを進めており、２０１８年にはシンガポール市場から撤退しました。[66]

バンガードは日本において、マネックスグループと組んでマーケティングを行っていましたが、今後新商品などは提供しない、ということで、同社のような欧米系外資金融の経営層から見た、成長が見込みにくい日本市場に今後も投資し続けるよりも、中国のような高成長が期待しやすい市場への投資、という姿勢が鮮明に見られた例、であるかと思います。[67]

今後は米国を通じた様々な外交手段を通じて、中国企業の製品（ハードやソフト両面）が米国や友好国（もしくは中国と協力したがらない国）にて使用禁止や販売制限が受ける可能性があるとともに、金融面でも最終的に資金が中国企業に投資しているかどうか、という明確化がより求められるかと思います。そして今まで恩恵を受けていたプライベートエクイティファンドも、米国年金基金の投資家などから、今後中国案件入りか否か、という目線でのファンド投資の要件が求められるかと思います。一方でブラックロックなど米金融機関が中国市場から収益をたとえあげていても、そこは問題視されず米国市場で上場されている、という現状を見ると、何とも複雑、且つ公平でないといった環境はこれからも続くかと思います。

伝統や規制業種の今後

ここからは米中対立とは少し離れて、日本国内の伝統的に基盤となってきた業種をいくつかピックアップして解説していきます。（不動産はその後の別セクションで単独で解説します）。ここで取り上げる業種の多くは、2020年の新型コロナウイルス感染拡大以前からも変化など求められていた面もありましたが、所謂コロナ禍により、その問題点が大きく取り上げられるようになった、と感じます。

66『米運用大手バンガード、香港・日本撤退　中国本土に注力』
https://www.nikkei.com/article/DGXMZO63094060X20C20A8000000/
67 ibid

最初に日本銀行などの中央銀行による、金融政策の変遷から簡単に説明をしながら、各業種の解説へ進んでいこうと思います。

金融政策から見る銀行再編への行方

日本は1980－1990のバブル崩壊という個別イベントがあったため、他国と比べて中央銀行（中銀、とも言いますが）の変化を「先取り」していたようですが、その後の2000年のITバブル崩壊や、2008年の世界金融危機（所謂リーマンショック）、2010年代の欧州金融危機、2020年の経済危機（所謂コロナショック）を通じて、特に欧米諸国の中央銀行の対応の変化が見られた、といわれています。それはどういうことでしょうか。簡単に説明すると、中央銀行がLenderofLastResort（最後の貸し手）から、BuyerofLastResort（最後の買い手）へ変化していっている、という点かと思います。

まず中央銀行は主に国内の物価安定、金融システムの安定を目的に、金融政策という政策ツールを運用しています。そして、ここ半世紀弱の経済システムのニーズや景気後退期の早期脱却などに応じて、金融政策を①規制的な金利政策から市場に合わせた比較的機動的な金利政策（短期レポなど）へ移管（金利の上下によりお金の供給量を決める、というアプローチ）。そして②短期金利のコントロールから国債購入などＱＥ（量的緩和）を含めた長期金利（10年）のコントロール（金利が下がりすぎたため、債券購入を通じてお金の供給量を決める、というアプローチに）、その後③国債以外のリスク資産購入（社債、株、ＲＥＩＴなど）を通じたお金の供給へと移ってきたわけです。従って、中央銀行のバランスシートは、元々金利での政策でしたので規模の変化があまり見られなかったものの、特にリーマンショック後の様々な資産購入政策を通じて史上最大レベルになっており、先ほどの「最後の買い手」と言われるようになったわけです。[68]

（下記グラフのソースhttps://www.oanda.jp/lab-education/blog_column/centralbank_balancesheet/）

そこで、中央銀行がこのような変化の背景を理解するのが重要だと思います。もちろん当該調

68『「中央銀行3.0」への道』https://www.nri.com/jp/knowledge/blog/lst/2020/fis/inoue/0427

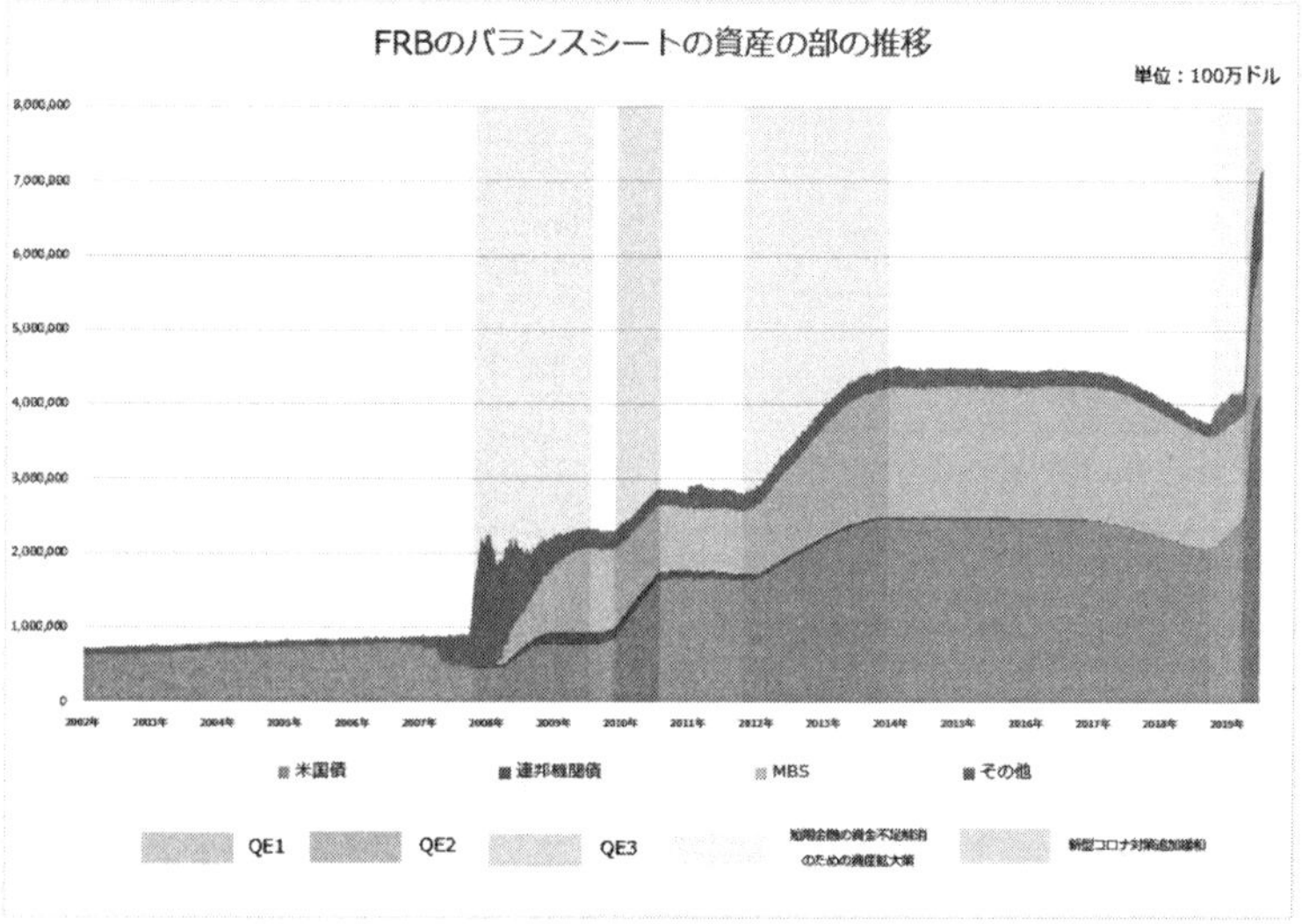
FRBのバランスシートの資産の部の推移
単位：100万ドル
8,000,000
7,000,000
6,000,000
5,000,000
4,000,000
3,000,000
2,000,000
1,000,000
0
米国債
連邦機関債
MBS
その他
QE1
QE2
QE3
短期金融の資金不足解消
のための資産拡大策
新型コロナ対策追加緩和

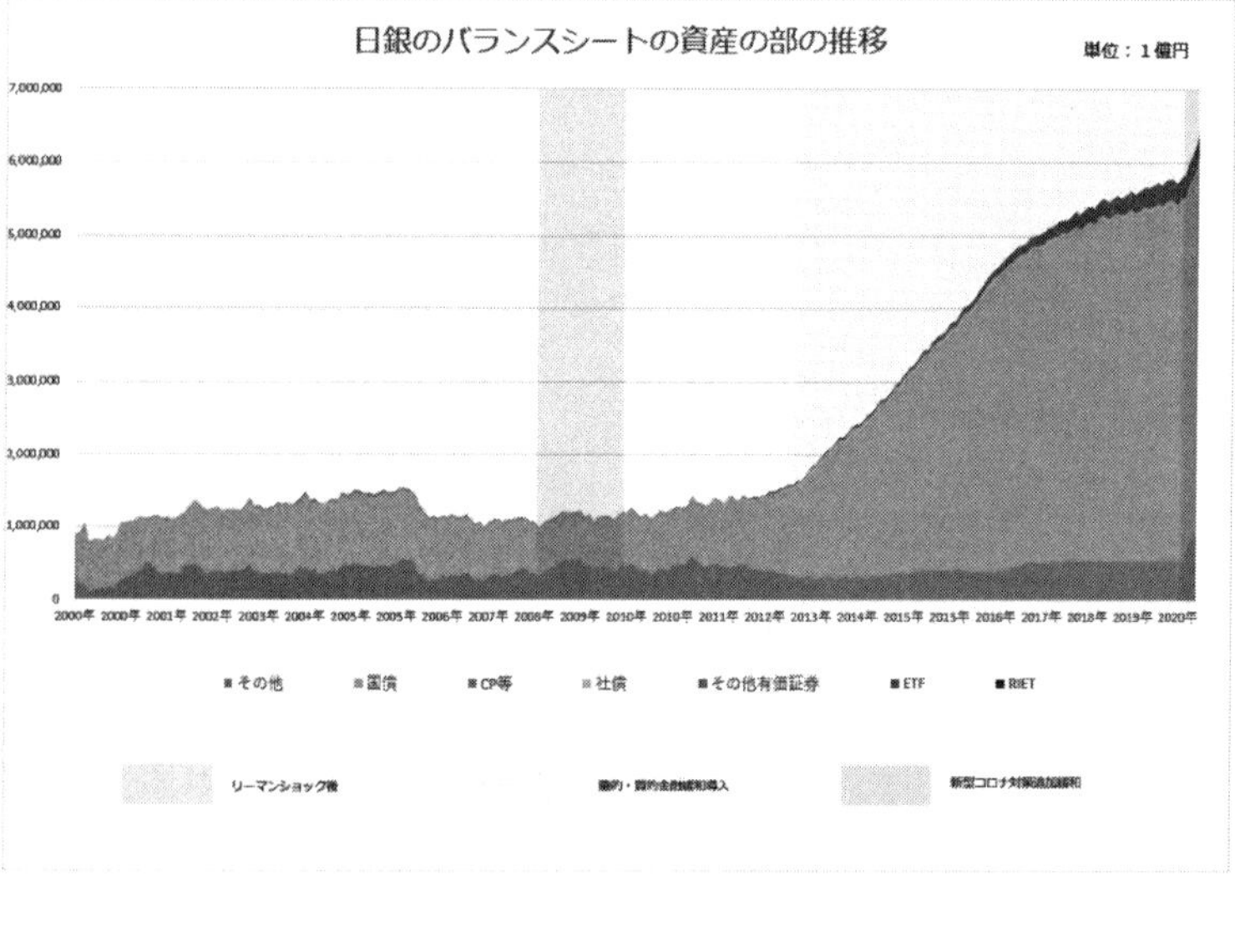
日銀のバランスシートの資産の部の推移
単位：1億円
7,000,000
6,000,000
5,000,000
4,000,000
3,000,000
2,000,000
1,000,000
0
2000年 2000年 2001年 2002年 2003年 2004年 2005年 2005年 2006年 2007年 2008年 2009年 2010年 2010年 2011年 2012年 2013年 2014年 2015年 2015年 2016年 2017年 2018年 2019年 2020年
その他
国債
CP等
社債
その他有価証券
ETF
RIET
リーマンショック後
量的・質的金融緩和導入
新型コロナ対策追加緩和

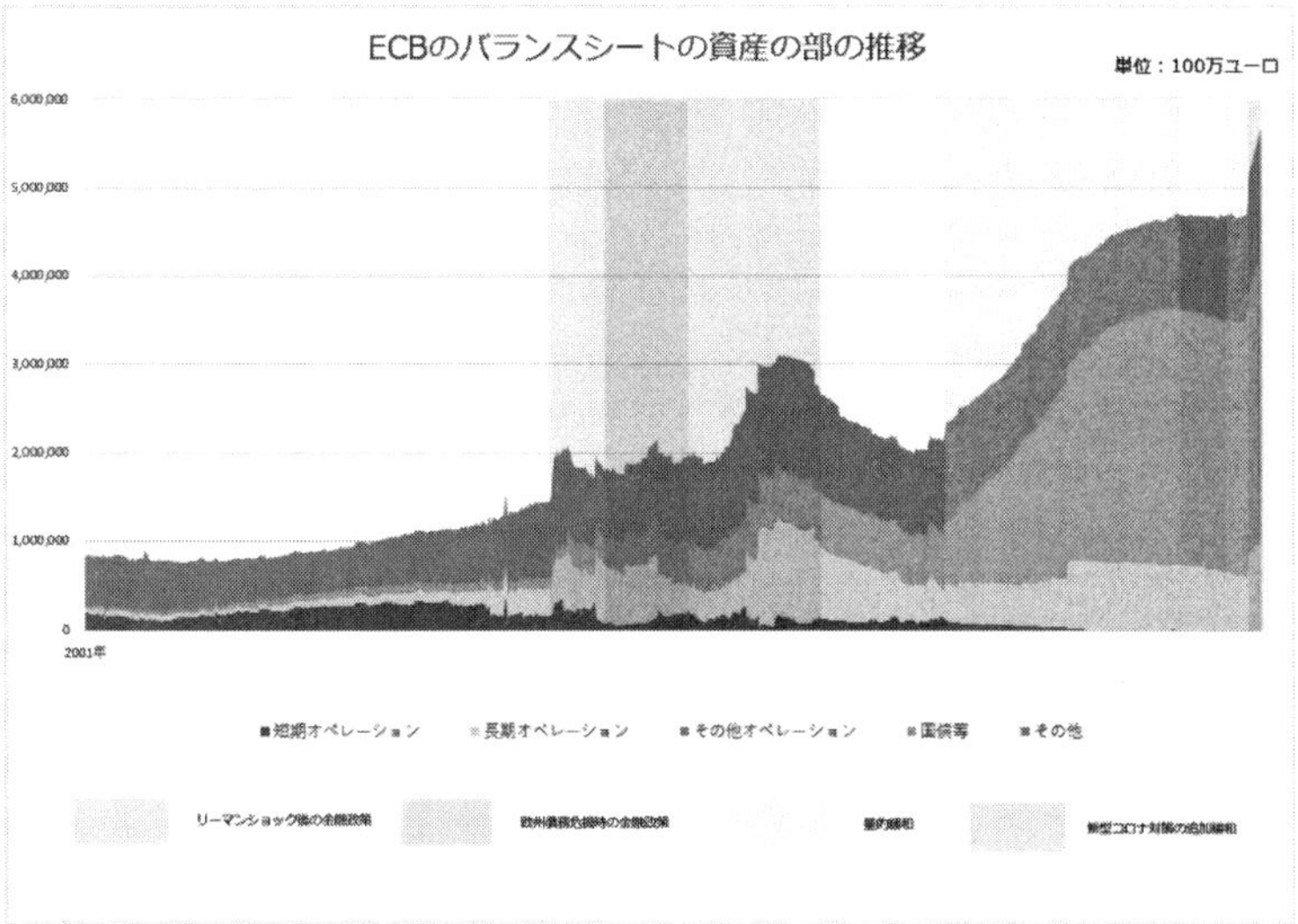

査・研究を生業にされている学者、研究者の方に見解をお尋ねすべき、という前提を置きながらも、私の意見はこの通りです。

景気後退に陥る際、金融市場から促され、連鎖的な信用不安に伴う信用リスクの急速な劣化（所謂金融機関による貸し渋り）を、中央銀行の金融政策（そして政府の財政政策）という人工的な政策を通じて、一日封じ込めるために、中央銀行が所謂「未知の領域」(UnprecedentedActions) に足を踏み入れる必要があったのでは、と思っています。言い換えれば、1920年代のブラックマンデーを始めとした世界恐慌（一説にはそこから世界大戦につながるとか）や1980−1990の日本のバブル崩壊の際に、急激な景気悪化による負のスパイラルを止められなかったことが、他の社会的要素に波及するのではないか、という憶測の元、まず負の信用スパイラルを止めるストッパーの役割として、大幅な金融政策を出動されたのでは、という点です。また本来はストッパーの役割であったために、必ずしも正のスパイラルを加速させるという役割の政策ツールとしての効果はあまり発揮できないのではないか、とも感じています。

足元FRB（米国の中央銀行にあたる、米連邦準備銀行）やECB（ヨーロッパ中央銀行）、そして日本銀行（日本の中央銀行）や他国の多くの中央銀行が行っている量的緩和政策（金利引き下げ以外に、国債、社債や株などを購入する政策）により金融市場にカネ余りの状態が起こっていることから、先進国の金利はほぼゼロかマイナス圏で推移しており、コロナ禍で米国債金利も低下し、実質金利（名目金利からインフレ分を控除）もマイナスとなっており、米国債券投資は実質〝損する〟という状態に陥っています。[69]

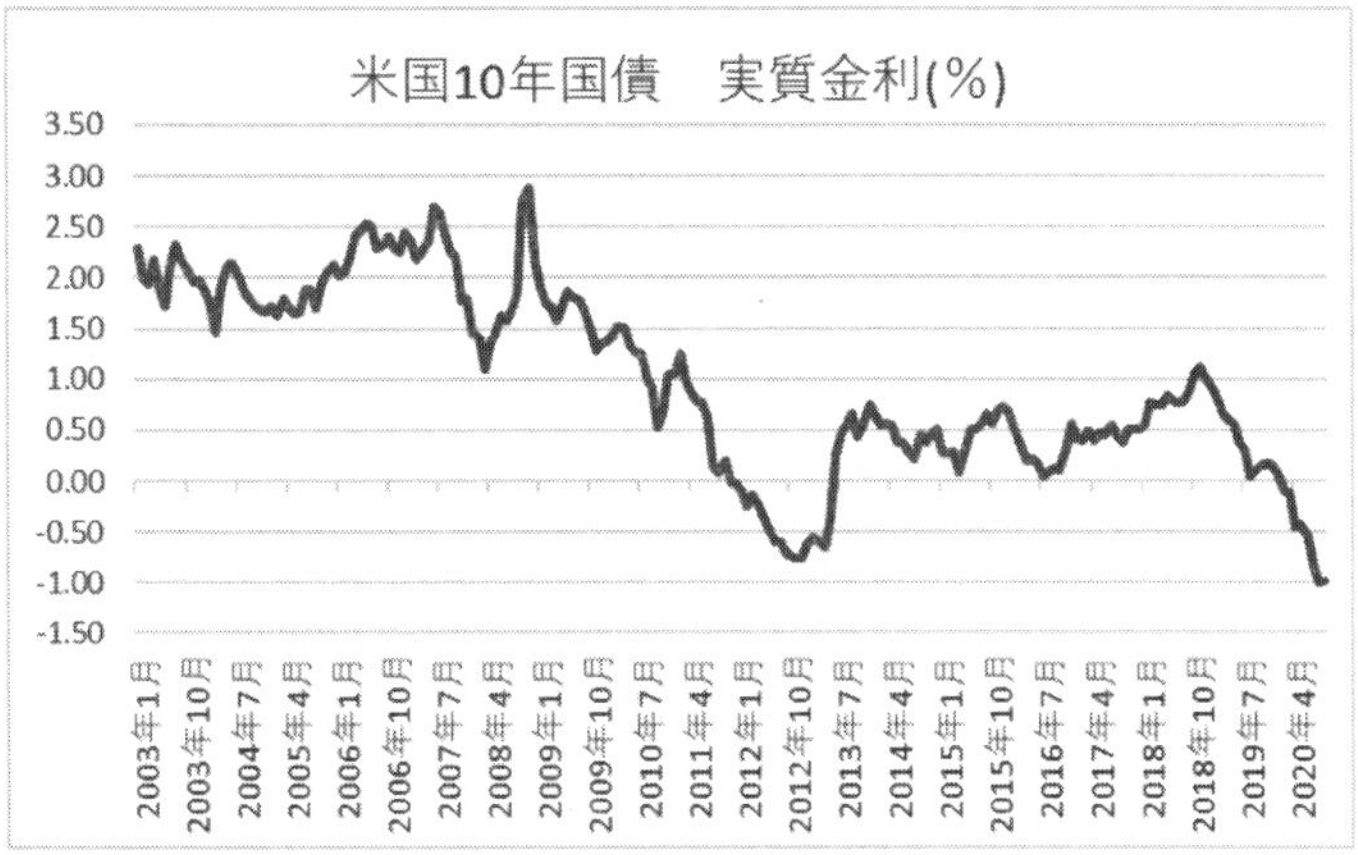

加えてコロナショックを契機に、社債購入に関してもＦＲＢが投資適格債（格付けがトリプルＢ以上の投資適格と考えられる社債）はもとより、２０２０年３月22日以降に投資不適格（格付けがトリプルＢ以下）に格下げされた社債の場合でも、一定の条件を満たせば買い入れ対象と方針を変更しました。欧州も同様に、民間・公的部門から債券を７５００億ユーロ買い入れ、４月７日以降に投資不適格に格下げされた銘柄も適格担保として認めました。結果として、高リスクな社債と安全資産の国債の金利差（所謂リスクプレミアム）もなくなっているような状況もありました。[70]

69『中銀、禁断の領域へ　企業金融へ踏み込み』https://www.nikkei.com/article/DGXMZO58930720R10C20A5K10100/

70『変容する社債投資、壊れた「＋α」　中空麻奈氏』https://www.nikkei.com/article/DGXMZO60504750Y0A610C2TCR000/?fbclid=IwAR3DxLbSfJ94QkKh5nyZC4w5s4MDvMiN95xiVWBcvOee1zB_0BFSDvBYMqs

このように経済・金融危機を通じて、中央銀行の対応が従来の短期金利操作による金融システムの安定にとどまらず、長期金利のコントロールや国債など資産購入、またリスク資産購入といった、更なる進化を遂げている、ということはご理解いただけたかと思います。

では、今後どうなるのでしょうか？金融商品としては、高利回りのハイブリッド債やローン担保証券（CLO）、またオルタナティブ投資（ヘッジファンド、実物不動産、プライベート投資や農地投資等）が人気となり、多くの資金が流れていくものの、問題は資金流入があることで、高利回り・高リターンであった金融商品のリターン低下へと繋がり、資金がさらにもっと高リスクの投資商品へ流れていく、という仕組みを促しているのではないか、という点です。[71]要するに、中央銀行の緩和政策が継続する限り、中毒性のある投資行動を促し続けている、ともいえるわけですが、そのような行動を理解することが、この本の趣旨でもあります。[72]

そして、未知の領域に達している金融政策において、金利の運用、もしくは貸出利息を商売にしている銀行や生命保険会社への影響はどうでしょうか？日本の銀行に関しては、メガ銀行三行のなかで、MUFGグループとSMBCグループが収益額ではリードしているものの、やはり難あり、であるようです。『国内業務。生産年齢人口の減少という構造問題に加え、日銀のマイナス金利政策が続く中、国内貸し出しが大きく細る懸念は消えない。国内でなお主力の大企業向けの貸し出しも、新型コロナの影響が長期化すれば、不良債権の山へと一変するリスクが潜む』[73]

話は少し変わりますが、２０２０年5月19日にソニーグループが、ソニーフィナンシャルを完全子会社化（65%から１００％）へ向けてＴＯＢ（株式公開買い付け）を発表しました。このアクションにより、安定した収益を出している金融部門をソニーグループ全体に取り込む、という意図が元々あるといわれていますが、同時に低金利を背景に、ソニー生命の終身保険の保険負債リスクが大きくみられている、とも言われています。

『終身保険は顧客のお金を預かり債券を中心に運用して顧客の死亡にあわせて保険金を支払う

71『沈む金利で崩れる投資の定石』https://www.nikkei.com/article/DGXMZO61915420V20C20A7ENI000/
72『金利消失、さまようマネー　新たなリターンの源泉を探せ』https://www.nikkei.com/article/DGXMZO61718950Q0A720C2K10100/
73『三井住友FG、消耗戦下の首位奪還』https://business.nikkei.com/atcl/NBD/19/depth/00618/?P=2&mds

が、契約期間が長くなればなるほど、金利変動のリスク管理が難しくなる。低金利が長引き、大手生保が徐々に終身保険から年限の短い医療保険などに営業の軸足を移す一方で、ソニー生命は根強い需要を集めてきた。その結果、明確なデータは公表していないが「ソニー生命の抱える保険負債のデュレーション（残存期間）は40年程度でライバルと比べても長くなっている」…とされる。この数年、世界的な低金利で債券運用の環境が厳しくなり、長期の保険負債はリスク要因とみなされるようになっていた。』74

日銀の政策に導かれた著しい金利低下（マイナス金利を含む）は本来の民間銀行業務にとっては、ボディーブローのように影響が積みあがっていき、結果として短期的にではないものの、長期的な収益の悪化、経営体力の弱体化へと繋がっている、と考えています。同時にこのゼロ金利環境と社会全体の高齢化は、保険会社が以前高い収益を出していた終身保険の負債リスクを実は増長、悪化させている、ともいえるでしょうし、資産側では運用先にもさらに困ってしまう、という事態になっています。

では銀行・生保などの金融業界を支えるために、今後日銀など中央銀行が、金利上昇を容認することはあるでしょうか?それは同時に、中銀がこれまで緩和政策を通じて購入した国債などの債券資産の低下を意味しますし、金利上昇を通じた社会全体の貸出量の低下が見込まれ、景気をもっと冷ます要因とも考えられます。要するに金利上下させるにも、中銀の政策は経済全体や金融業界へかなりのインパクトがある、と考えますし、長期的な方向性としては、中銀が金利上昇姿勢へ戻る、といった展開には、世界全体で景気のオーバーヒートが止まらない、というような状態でない限り、とても想像しにくいと思います。

また欧米の銀行は、2008年のリーマン・ショックの教訓から、銀行自体があまりリスクを取った経営をしないように、大手の国際銀行には資本規制が強化されました。また中銀による低金利で、銀行業務としての利ザヤという収益源に縮小圧力がかかっており、十数年ほど収益性が低下していました。そのことから、預金と貸出、また決済を中心とする伝統的な銀行業は斜陽産業のように見られていました。

74『ソニーが抱える長期生保リスク　超緩和下の金融再編』https://www.nikkei.com/article/DGXMZO59688160Y0A520C2000000/

しかしコロナショックにおける突然の資金需要に、民間銀行が中銀による流動性供給の現場窓口となり、実体経済に資金供給を行い、緊急時対応を取れていた、という見方から、米国や欧州等の主要先進国では銀行システムが不可欠の社会インフラであることを再認識させた、とも言われています。『いざ』というときには、中小企業や家計も銀行に頼るしかない、という現状は時代が経っても、変わっていないようです。米国で対策の柱となった米連邦準備理事会（ＦＲＢ）のメインストリート融資プログラムでも、銀行は仲介役に位置付けられています。[75] 皮肉ですが、その結果銀行勢は決算時に、倒産し貸出が回収できないという確率を含めた多くの貸倒引当金を積む必要が出てきて、元々収益性が落ちていた銀行ビジネスを一時的にさらに赤字にさせた、という側面もあります。[76][77][78]

たとえ今後コロナ禍を乗り越え、世界全体として景気回復へと転じたとしても、日本も含めた先進国の銀行の業績見込みは、芳しくないことに何の変化もない、とも言われています。またＥＣＢのルイス・デ・ギンドス副総裁がスピーチ（BuildingtheFinancialSystemofthe21stCentury）でこのように発言されていました。「銀行セクターはパンデミックのストレスの中でも、頑健であることを示せた。しかし、それは将来にわたり逆風を受けないということではない。収益性の低下という構造問題も抱え続けている。…収益源の多角化などが、将来に向けた方向性だ」[79]

では日本ではどのようにこの影響が見られていくのでしょうか？メガ3行（MUFG、SMBC、みずほ）など大手銀行の合併は既に10年前程度に完了し、金融庁による強い旗振りのようなガイダンスもあり、経営体力が盤石でない地方銀行間の再編が、コロナショック以前から進んではいました。

共有している問題は、日本国内、特に地方の過疎化による人口減や低成長による資金需要低下、

75 『コロナで揺れる銀行の将来　問われる社会的責任』 https://www.nikkei.com/article/DGXMZO62309090V00C20A8I00C00/
76 『[FT]欧州銀、コロナ危機に備え貸倒引当金増額』 https://www.nikkei.com/article/DGXMZO61978030Y0A720C2000000/
77 『英銀ナットウエスト、貸倒引当金8.7倍　4～6月赤字転落』 https://www.nikkei.com/article/DGXMZO62190980R00C20A8I00000/
78 『「V字回復ない」と米銀決算が示唆、貸倒引当金は2008年以来の高水準』 https://www.bloomberg.co.jp/news/articles/2020-07-14/QDGWERT0G1L401
79 『コロナで揺れる銀行の将来　問われる社会的責任』 https://www.nikkei.com/article/DGXMZO62309090V00C20A8I00000/

また日銀のマイナス金利を含む、圧倒的な金利低下により、銀行の収益源である貸出金利回りの恒常的な低下が挙げられます。[80]各地域において一定程度の優良行はあるものの、すべての地方金融機関がこのまま生き残っていくことは、既に難しい、と考えることに異論は少ないかと思います。[81]

その中、地銀等の再編・合併を後押しする特例法が国会で可決されました（2020年5月20日）。この法律により、金融庁が統合・合併を目指す地銀の事業計画を審査し、収益力の向上や金融サービスの維持につながることを条件に、地銀同士の合併が独禁法の適用除外（10年間ほど）になりました。[82]

また2020年6月末に掲載された記事には、地銀を監督する金融庁の遠藤長官（当時）の談話が掲載されていました。

『新たな改革を始めて1年経過したが、道半ばだ。実感として改革が進んだ地銀は全体の4割程度という感覚だ。地銀は経営理念を脇に置いて、人事ピラミッド上位の経営本部が下位の営業職員にノルマや心理的プレッシャーを課し、失望した若手行員の離職を招いている。金融庁は監督者として振る舞いつつも、所詮他人事となりがちで、当事者意識に欠けていた。』[83]

そして2020年7月11日の記事によると、金融庁が自己資本健全な銀行に対して、預金保険の保険料をさらに低減させる意向、というニュースが出ていました。[84] これは要するに、銀行や金融機関でも規模が大きければ、優遇します、といった措置にも捉えることができ、規模の大きくない地銀などの合併を結果的に促している、とも考えられます。またコロナショックにより国民1人ずつに配布された特別給付金（10万円）を通じて、政府からも低減の必要あり、とコメントしたことで注目を浴びた銀行の振込手数料も（規模の比較的小さい）地方金融機関ほど、経営の収益に対して負の影響度が大きいようで、結果として規模の小さい地銀への包囲網が着々とできているようにも考えられます。

80 『地銀が生き残る道は「大再編」か「流血リストラ」か、究極二択の末路』https://diamond.jp/articles/-/232221
81 『地域金融の課題と競争のあり方』https://www.fsa.go.jp/singi/kinyuchukai/kyousou/20180411/01.pdf
82 『地銀の合併後押し、特例法成立　独禁法の適用除外』https://www.nikkei.com/article/DGXMZO59321680Q0A520C2EAF000/
83 『「地銀の6割変革できず」　遠藤・金融庁長官寄稿』https://www.nikkei.com/article/DGXMZO61534130V10C20A7EE2000/
84 『自己資本健全なら預金保険料低く　地銀再編へ金融庁』https://www.nikkei.com/article/DGXMZO61424450R10C20A7EA3C00/

そして金融庁の遠藤長官は2020年7月14日で2年の任期終了で退任、同年7月20日から新たに氷見野長官が就任されました。しかし銀行再編について多くは記事等に書かれていなかったことから、地銀再編に関しては、氷見野新長官も遠藤前長官の姿勢を踏襲といった形かと思います。

所謂『金融機関に対する「上から目線」の姿勢を見直し、本音を引き出そうと対話重視』という金融庁自身の態度変更に加えて、地銀自体も収支改善にも取り組んではいるようであります。たとえば、山梨中央銀行は2020年6月から導入した「硬貨整理手数料」や大分銀行は同年4月取り扱い分から、繰り上げ返済や有価証券担保取り扱い、抵当権抹消書類再発行への事務手数料など、多様な事務手数料の徴収を始めたり[85]、銀行としては経費となる預金や定期金利を最低水準まで低下させ[86]、銀行の収入改善を試みてはいるようです。一方で、これらの実施策が必ずしも、お客様（銀行サービスを活用される方）にとってベストではないようにも感じます。

従来の厳しい銀行経営に加えて、コロナ禍で政府や自治体から多くの給付金支給があったことや、『個人や法人が防衛的に預金しておく動きが加速し、銀行経営上の重荷だった預金が急増する懸念が浮上していた。…時間差はあっても各行の対応が横並びなのは、他行より高い金利を示したままでは少しでも有利な預け先を求める個人や企業のお金が流れ込んでくる事情もある。今年6月にマイナス金利が適用された地銀の預金額は前月の2倍強となる計5280億円。地銀の幹部は「（金利下げを）ためらえば大口の預金が入ってくる」という。融資や有価証券の運用先が乏しいなかで行き場を失い、銀行に積み上がる預金の負担は重くなるばかりだ。』[87]

地銀にとって不都合な現実は、日銀などの中央銀行からの量的緩和は危機対応として、コロナショックのような経済危機の底を浅くしたり、信用悪化の連鎖を回避などの役割はあったものの、その後の処理は銀行にしわ寄せが行き、今や融資や投資先もなくなり、銀行には預金がたまるという、「本当にお腹いっぱい」であるわけです。

地銀再編については、2020年8月に辞任を発表された安倍前総理の後任首相である菅新首

---

85 『硬貨整理や個人ローン…地銀で事務手数料の新設広がる』https://www.nikkei.com/article/DGXMZO61840420S0A720C2000000/
86 『地銀87行、定期金利一斉下げ』https://www.nikkei.com/article/DGKKZO61998330Y0A720C2EE9000/
87 ibid

相（当時官房長官）が、足元は必要不可欠なインフラだが、将来的には再編が必要、のようなコメントをされた、とのことです。[88] この話は、前述の通り、マクロでは地方人口減、金利低下で貸出需要の減少、またミクロではATMや店舗、人件費などコスト高の地銀を今後も支えていくことはできないので、日本の金融システムを壊さない程度に上手く再編をお願いします、ということかと感じます。

しかしここで少し複雑な話も出ておきます。それは金融庁が、地銀再編の旗振り役として自主性の促進等を実施してきたにも関わらず、コロナショックの影響から改正金融機能強化法（2020年6月12日に成立）を通じて、『公的資金の申請期限を4年間延ばし、2026年3月』[89] にしました。背景として、リーマン・ショック後に公的資金を受けた地銀10行のうち、完済できたのは、北洋銀行1行のみであり、また東日本大震災後に公的資金を入れた銀行を含めると、現在の注入行は13行もあるわけです。しかし公的資金を除いた実質自己資本比率では未だ健全化できておらず、このコロナショックの際に、各地方経済の疲弊が地銀経営に大きく影響し、倒産しないのか、という懸念から導入された時限措置であります。[90]

総合すると、地銀再編への方向へ促していきたい、という金融庁の大きな方向性は依然残っているものの、現下のコロナ禍での地方経済の疲弊度合いや、遠藤長官が記事でもコメントされていた、金融庁と地方金融機関との信頼関係醸成＋中長期的な視点での関わり改善が必要、など個別多彩な対応が金融庁としても必要となり、経営の収益性というような簡単なベクトルのみで、大きく再編とはすぐには向かわないのでは、とは感じています。

一方で政府から期待されている地銀再編にてリードしているのは、ＳＢＩホールディングス、だと考えます。過去二年で、金融庁が限界地銀として見ていた4行（島根銀行、福島銀行、筑邦銀行、清水銀行）と次々に資本・業務提携を発表し、２０２０年5月29日には福島県の地銀「大東銀行」の筆頭株主となり、ＳＢＩのＩＴシステムや資産運用サービス、個人向け金融商品の提供を通じて、経営効率向上を促す、と言われました。加えてＳＢＩの北尾吉孝社長によって設立された「地

88 『「地方の銀行多すぎる」　菅氏の真意』https://www.nikkei.com/article/DGXMZO63377110T00C20A9000000/
89 『苦境地銀に「永久」公的資金　消えない9月不安説』https://www.nikkei.com/article/DGXMZO60232580R10C20A6EE9000/
90 ibid

方創生パートナーズ」という地方創成ファンドも地銀再編の受け皿となっていくようにも見えます。そして同ホールディングスは金融庁OBの雇用など着々と進めてきており[91]、2020年7月29日には、さらに中堅証券会社（ライブスター証券）を買収も発表しました。[92] 決算発表（同年7月30日）の際には、北尾社長から、あと6—7行ほどの地銀との提携を来る同年9月ごろを目途に行い、計10行程度の地銀との協業を進めたい、というような趣旨のコメントされたようです。[93]

今後の銀行業界において、下記のようなグループ分けができるのかな、と思っていますし、注目していきたいと思います。

①メガ三行と言われるグループ（MUFG、SMBC、Mizuho）
②地方密着で、政府・霞が関に近い金融機関（JAグループ、郵政グループ）
③地銀の雄といわれるリード地銀とSBIによる地方再生グループ
④その他地銀や、信託銀行、また信金、商工中金など

エネルギー・電力セクター

銀行を含めた金融システムが社会インフラとして重要な役割を果たしているものの再編の波に直面している、という話の脈絡から、このセクションでは、石油やガスを中心としたエネルギーや日本国内の電力セクター等、異なる社会インフラについて書いていこうと思います。

まず簡単にエネルギー業界の全体像を説明してから、始めていきます。

ガソリンや灯油など石油によって精製される製品、またプラスチックなど石油化学製品も我々の生活に密着しており、世界中でも重要な化石燃料資源であります。その業界内では、上流（石油の採掘、生産）、中流（製油所までの輸送）、そして下流（製油所での精製、そして小売りまで）といった部門に分かれており、部門ごとにコロナ禍での影響は様々ですが、同業界全体における一定程度一貫したトレンドは以前からありました。部門ごとに見ていきましょう。

91『SBI、金融庁と急接近？　OB登用相次ぐ』https://www.nikkei.com/article/DGXMZO59712830Y0A520C2EE9000/

92『SBIがネット証券中堅を買収　手数料競争が引き金に』https://www.nikkei.com/article/DGXMZO61986200Y0A720C2EE9000/?fbclid=IwAR12Sbkl19YhFPPx3DBCoQ6SUL0yuxShBgDDCvY3F3lURy2C6jlZb5iulk8

93『ＳＢＩの北尾社長、メガバンク構想は地銀10行で実現へ―9月めど』https://www.bloomberg.co.jp/news/articles/2020-07-30/QE9XSHT1UM0X01?srnd=cojp-v2

上流ですが、長らく中東などＯＰＥＣ（石油輸出国機構）参加国により、価格や生産量の調整が行われてきましたし、（１９７０年代のオイルショックを含む）政治的軋轢が起点となり、原油などの価格が大きく変動したわけです。しかし21世紀に入り大きな変革が訪れました。所謂、北米でのシェールオイル・ガス革命です。

まずシェール（Shale）とは、頁岩《けつがん》という、泥が固まった岩石のうち、薄片状に剥がれ易い性質を持つ岩石のことで、地下深くに埋没すると、地熱や圧力により化学変化して石油分やガス分（所謂シェールオイルやガス）ができます。米国において、従来は経済的に掘削が困難と考えられていた、地下２０００メートルより深くに位置するシェール層の開発が２００６年以降進められ、シェールオイル・ガス生産が本格化していくことで風向きが変わりました。[94] これまで米国は長らくエネルギー輸入国として中東などから多くの原油やガスを仕入れてきましたが、このシェール革命に伴い、米国国内での石油やガス生産量が飛躍的に伸ばし、米国自体がエネルギー純輸入国から２０２０年には純輸出国へ、と変化していきました。[95,96]

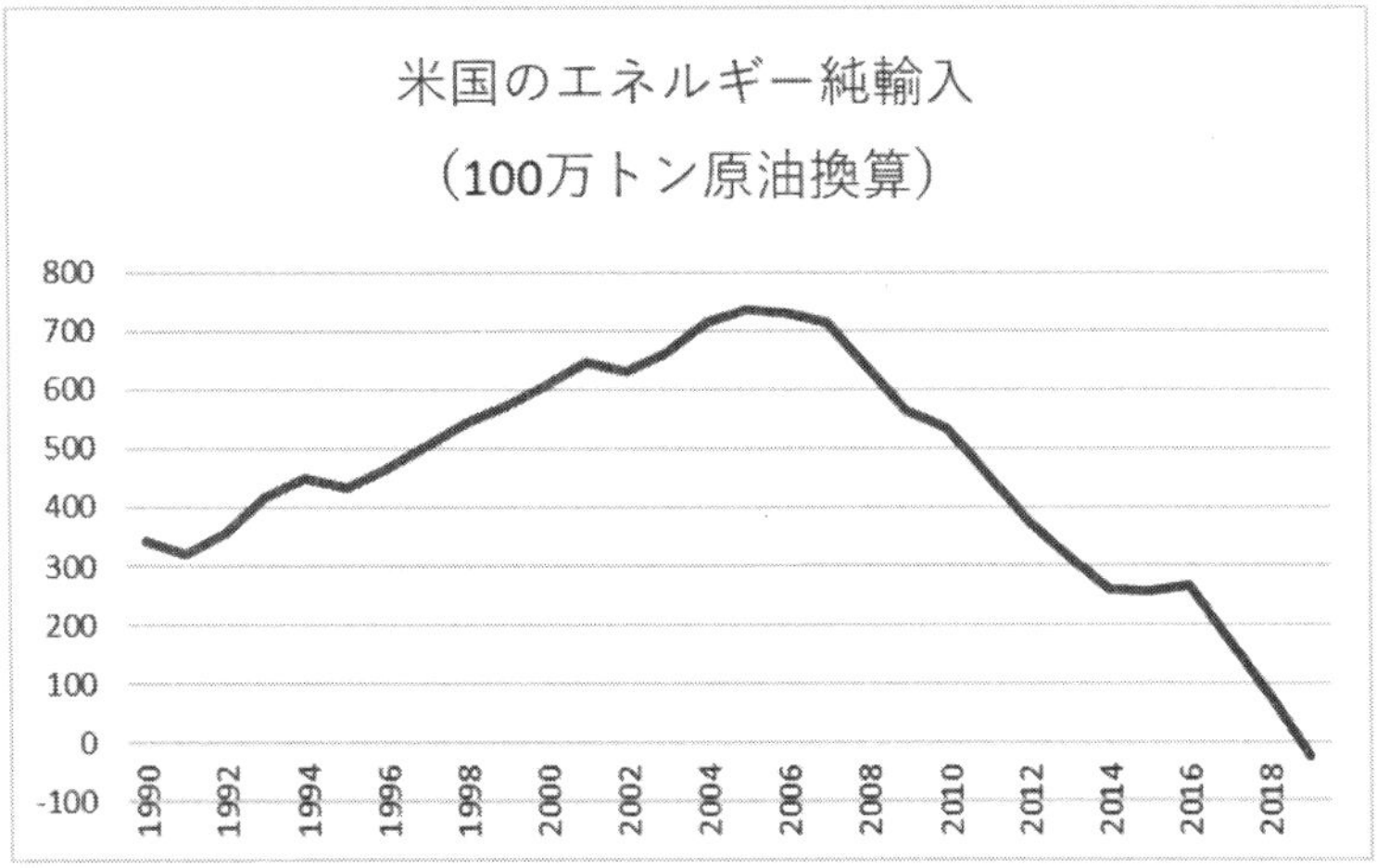

また米国に加えてロシアの台頭（NonOPEC諸国）も上流の生産量へ寄与することとなり、中東やOPEC（石油輸出国機構）中心であった従来の上流の生産量や価格のコントロールが効きにくくなりました。その後、世界中で石油の過剰供給状態、が見られ、それに追い打ちをかけるように、コロナ禍の急激な世界需要減少に耐えられず、石油の商品価格が大きく下がるという現象が見られました。

94『エネルギー白書2015第1部　第1章　第1節　米国の「シェール革命」による変化』
https://www.enecho.meti.go.jp/about/whitepaper/2015html/1-1-1.html
95『米国、20年にエネルギー「純輸出国」に　67年ぶり』https://www.nikkei.com/article/DGXMZO40461000V20C19A1FF8000/
96『焦点：米シェール革命が塗り替える世界の「石油勢力図」』https://jp.reuters.com/article/usa-asia-oil-idJPKCN1G00WN

上流の需給変化の象徴的な大きなイベントがいくつかあり、1つ目はコロナショックによる急激な需要減退も加味されて、米国のWTI原油先物相場は4月20日前後に一時マイナスをつけました。[97] その後原油価格は回復したものの、WTIや欧州のブレント原油ともに1バレル30－50ドル台でレンジ内での推移となっており、これは2008年7月3日につけたWTI最高値（終値）145.3ドルに比べると、差が歴然とご理解いただけると思います。

それに加えて2つ目の出来事として、2020年7月31日にIT王者のアップル社の時価総額が1兆8400億ドル（約193兆円）を付け、世界一の原油産油国で原油埋蔵量を誇るサウジアラビアの国営会社サウジアラムコは同時期で1兆7600億ドル程度（約185兆円）であったため、石油王者がIT王者に時価総額で抜かれてしまったわけです。[98] 所謂GAFAM（Google,Amazon,Facebook,Apple,Microsoft の略称で、米国のトップIT企業）のようなプラットフォームビジネスをやっている会社の無形資産は、株式市場で高く評価される一方で、以前は国家戦略上重要であり、有形資産であるために確実な担保になる、と見られていた重厚な設備や資産価値が相対的に下がっていくという面でも、衝撃的な出来事だったかな、と理解しています。

その上流での過剰供給に引き続き、下流の製油所もコロナショックを通じた世界的需要減（自動車移動や航空移動の低下）の影響も受け、さらに過剰設備状態になっております。[99] 下流の製油所も他の部門同様、長期投資が必要な部門であり、且つ常に稼働することで中長期的に一定の利益が得られる、というビジネスモデルであります。しかし足元は世界中で過剰設備状態にもなり、恒久的な閉鎖が必要な設備も見られる、ということです。

ここで問題を難しくしているのは、一旦の設備再編で製油所の収益性は一時的に改善するかもしれませんが、もっと中長期的な視点で見ると、CO2 排出の減少を目指すパリ協定のような環境的な意識転換に基づいた、伝統的な資源ではない、再生可能エネルギーや省エネ、水素などへのエネルギー源の転換に加えて、各国政府の対応が異なる、という点です。

97 『NY原油　史上初のマイナス価格、先物に売り』 https://www.nikkei.com/article/DGXMZO58525420X20C20A4QM8000/
98 『Apple時価総額、世界首位返り咲き　アラムコ逆転許す』 https://www.nikkei.com/article/DGXMZO62192560R00C20A8EA4000/
99 『[FT]製油所の持ち腐れ、コロナで生き残りさらに厳しく』 https://www.nikkei.com/article/DGXMZO61276190Y0A700C2000000/?fbclid=IwAR1UwkAGNFr1siB1CoLQsJJe0G2N6dSI78QK9LzbdNa-IcGlIHUNeo6ng4s

『アナリストは、石油精製業界の先行きについて、多数の製油所の永久閉鎖でマージンがようやく回復した金融危機後に似ているとの見方を示している。各国政府が国内の石油供給確保と雇用維持を目的として救済策を繰り出すケースが多いため、どの製油所がこれから閉鎖されるか予測するのは難しい。』[100]

加えて設備であるために、中長期的に競争力（要は低コストでどれだけ効率的に精製できるか）を保つためには、同製油所に対する継続的な投資が欠かせず、また新規の製油所（大抵、さらに低コスト）との競争も激しくなり、といった悪循環にもなっている、とも考えられます。

また上流下流の過剰供給、過剰設備という状況は、ガソリン価格が上昇しにくい、という面では日本国内の消費者にメリットがある一方で、国内の石油関連の消費財に関しても影響を与えている、というのは注視しておく必要があるとも思います。たとえば下記2つの例を紹介します。

①コロナ禍でプラスチック需要も減退し、原油安と重なったことで、原油からプラスチックを

製造したほうが、リサイクルのプラスチックを活用し製造したものより、安価で効率よく作れてしまう、という現象がみられるようです。しかしパリ協定など環境保護の面ではもちろんリサイクルが推奨されるわけで、またプラスチックの国外輸出となっても、大消費地の中国は近年他国からのプラスチック輸入を規制しており、とても難しい状況に変わりはなく、国内でのプラスチックごみが増えていく一方のようです。[101]

②そして人口減少から石油需要も低迷している日本市場では、石油製油所も同時に縮小傾向にあります。製油所閉鎖に伴い、石油精製の副産物を活用した炭酸ガス（ソーダ）の製造も減少しているようです。一方でコロナ禍に、在宅で安価な炭酸水を飲む機会が増えたり、従来のお中元・お歳暮に加えて、デリバリー要素の入った宅配・配送も増え、ドライアイスの活用も増加しているようです。[102]

100ibid
101『ペットボトル、リサイクルに危機　原油安で割高感』https://www.nikkei.com/article/DGXMZO62692850V10C20A8EA1000/?fbclid=IwAR0oj45NyfX9_3AP_lWrbXl8f9N_WivVFqpVab2dGssonmS6uNL3r8Rd1w
102『「炭酸水」が品薄に？製油所閉鎖の意外な影響』https://toyokeizai.net/articles/-/368823?fbclid=IwAR1S2VfsWl26BpklLfEuX0WUdbhH-0BZLn2TRmDAAa4r9oTDgC5gaAimhxQ

石油の動向と似たように、天然ガスも北米でシェールオイル・ガス革命を契機に、米国のエネルギーに関する国家戦略を180度方針転換させたことで、過剰供給の形が続きました。また天然ガス業界で見られた象徴的な出来事は、シェール革命では老舗の米国企業チェサピーク・エナジーが2020年6月28日に連邦破産法第11章（所謂チャプター11）を申請して、破綻整理を始めました。[103] 同社は日本語で言えば〝地上げ屋〟に近いアプローチで、米国の優良なシェールガス権益（上流）を買い集め、そこから資源を抽出し、また投資家からも資金を集めて更なる土地・権益買収に、特化していた会社でありましたが、天然ガス価格が歴史的な低価格となったことで同社の資金調達が難航し、破綻整理へと向かっていったようです。[104]

ここ最近の天然ガス市場もかなり供給過剰となっており、2020年4－6月ごろは北米発のLNGは輸送費かけても、供給先の現地で生産される天然ガス（ここでは欧州の例ですが）より〝逆さや〟になるという現象が起きており、LNG輸送船がキャンセルになっているようです。一方で、既に生産を行っているカタールなどの中東は生産継続、ロシア・オーストラリアもLNG（液化天然ガス）生産を計画していたことから進める、と見られており、北米の天然ガスは〝スイングプロデューサー〟となっているようです。また需要側は、中国が２０２３年には最大のＬＮＧ輸入国（それまでは日本が最大の輸入国）になり、またインドなど東南アジア・南アジアが成長の中心、ということで、各国のＬＮＧ受入れ需要がどこまで今後の伸びがみられるか、が市場の需給に関して重要な点のようです。トータルで見ると、ここ数年は石油と同じく、天然ガス市場の供給過剰は続きそうですが、需要側の増加のみならず、各国の国家戦略やエネルギー・環境政策（パリ協定など）への影響もみられるかと思います。[105]

そんな供給過剰の市場でおいても、２０２０年７月６日に天才投資家といわれているバフェット氏がドミニオンエナジー社の天然ガス輸送・貯蔵事業を負債も含めて、97億ドル（約

１０３『How Chesapeake Energy changed the world』https://www.economist.com/business/2020/07/02/how-chesapeake-energy-changed-the-world?fsrc=scn%2Ffb%2Fte%2Fbl%2Fed%2Fschumpeterhowchesapeakeenergychangedtheworldbusiness&fbclid=IwAR18KKuxrD8QI6vv3XrfCzaMN_CU0vkHQEwU6OgKhSjODwDZYVBJrahbfEk

１０４『米シェール石油・ガス開発の先駆者、チェサピーク・エナジーが経営破たん』https://www.jetro.go.jp/biznews/2020/06/61a5079ca52b1b46.html

１０５『天然ガス・LNG最新動向 - LNGニューノーマル2020年以降の需給・価格・FID -』https://oilgas-info.jogmec.go.jp/_res/projects/default_project/_page_/001/008/786/20200618_Research3.pdf

1兆380億円）で買収すると発表しました。[106]これは中流事業、所謂パイプライン事業への投資なので、米国内で常時一定程度の需要があり、上流のような原油やガス価格の変動リスクを受けにくい、といわれていますが、エネルギーセクターのバリューチェーン内には面白い投資機会があるのだな、と感心しました。

また日本商社や銀行は、日本国内ではなく、東南アジア諸国にてLNG発電所の建設に関っているそうです。[107,108]この推進の裏には、現在足元で供給過剰になっているLNGの新たな消費先を作る、石炭よりCO_2排出が少ないとされるエネルギー（LNG）の提供促進、現地国家との関係強化等あると思いますが、ボトムラインとして、今までのような移動等に関する石油需要より、人口増加による電力需要増加に賭ける、という欧米石油メジャーの取り組み、方向性と同じ方を向いて、日本商社もプロジェクト遂行されている、ということかと思います。

さてこれからは話を、日本国内の電力セクターに移していきたいと思います。

簡単に言うと、資源の少ない日本という島国において、どのようにCO_2を出しにくい、温暖化防止対策となる、再生可能エネルギーの導入を進め、一方でＣＫＤが出やすい、化石燃料を燃やして発電する従来の発電（石炭、石油、ＬＮＧなど）比率を下げていくか、がキーポイントとなります。

日本のエネルギー政策について、言うまでもなく２０１１年の東日本大震災と福島県の原発事故は大きな分岐点となりました。確かにその後、固定価格買取制度（ＦＩＴ）が導入され、経済的インセンティブが付与された形で、太陽光を始めとした再生可能エネルギーの普及が一定程度進みました。一方で従前の原子力発電が担っていたベースロード（基礎的な）電源の役割は、ＬＮＧや石炭火力という化石燃料の発電に転換していきました。[109] これには、特に風力や太陽

１０６『バフェット氏、1兆円で天然ガス輸送事業買収』https://www.nikkei.com/article/DGXMZO61184340W0A700C2EAF000/
１０７『バングラLNG火力に690億円融資　3メガバンクなど』https://www.nikkei.com/article/DGXMZO61493380U0A710C2EE8000/
１０８『丸紅など3商社、ミャンマーでLNG発電　2000億円投資　中国勢に布石』https://www.nikkei.com/article/DGXMZO51887040T20C20A7MM8000/?fbclid=IwAR3odrT-n42aBslVEWj9rm8xf5hzqBlfxJlWRHX3YUUsD-WYHHv2YtrxYiU
１０９『The reinvention of Japan's power supply is making little headway』https://www.economist.com/graphic-detail/2020/06/21/the-reinvention-of-japans-power-supply-is-making-little-headway?fsrc=scn/fb/te/bl/ed/dailycharttheinventionofjapanspowersupplyismakinglittleheadwaygraphicdetail&fbclid=IwAR1is7Zg3rtl6l1CWgpSVE5y_3TMTQumn1CJv42rRYAq6hTWKPploeJ3pjU

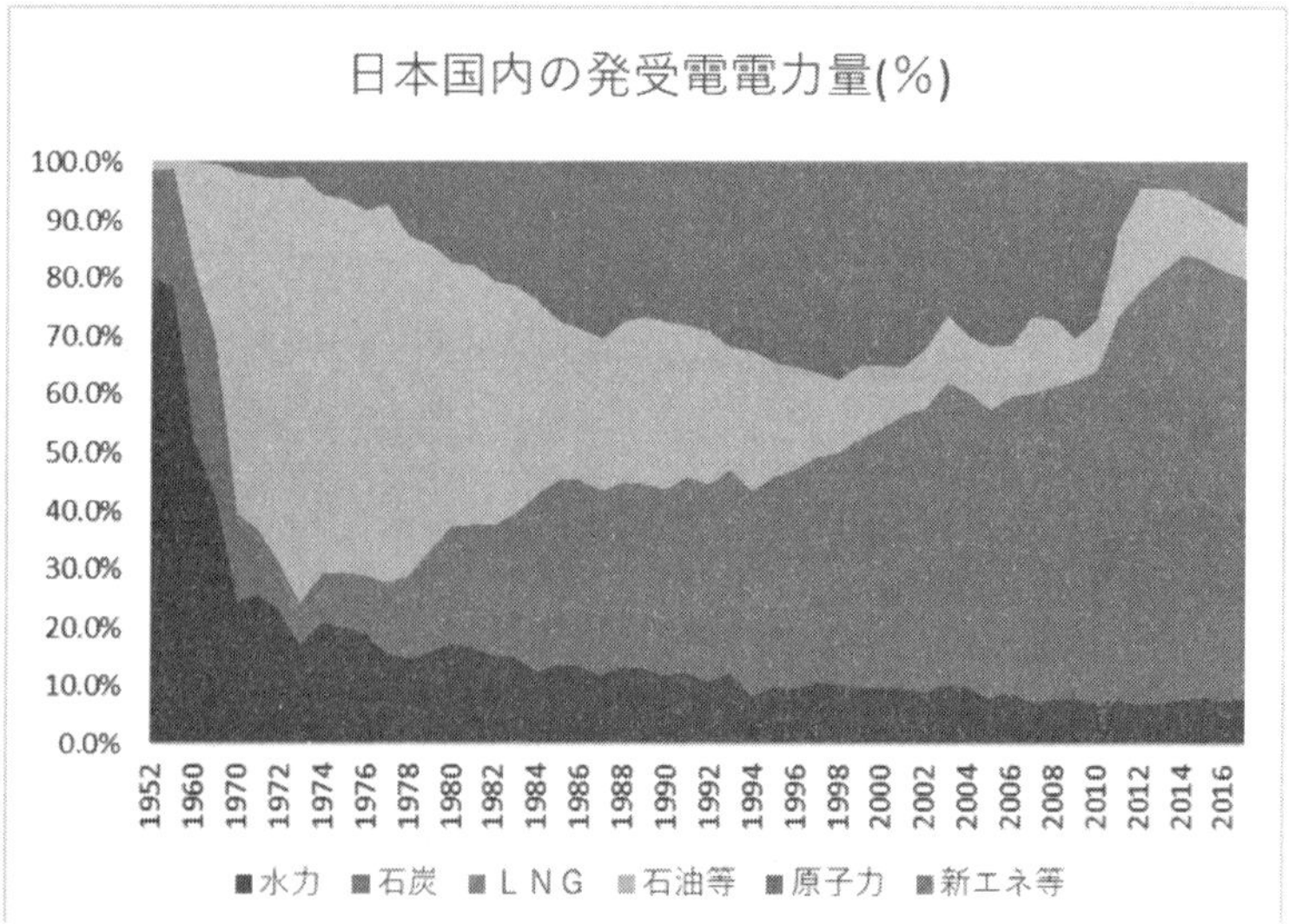

光等の再生可能エネルギーは必ずしも安定的に電源供給できない、という背景もあり、今後資源の少ない日本においてベースロード電源をどう確保していきますか？たとえＬＮＧが足元安価になってきている、とはいえ、化石燃料を使用した発電を増やすのはやはり難しいのではないでしょうか？という疑問が出てきます。

加えて２０２０年７月３日に梶山経済産業大臣（当時）が、２０１８年に策定されたエネルギー基本計画[110]における「非効率な石炭火力発電のフェードアウト」の具体的な施策を検討、という話から、２０３０年までに９

割程度の非効率石炭火力発電の休廃止を目指す、と発表されました。[111] 発表自体には驚きはないものの、上記の問題点に加えて、2つほど疑問にも感じました。

①電力会社の経営へのインパクトで、石炭や原子力火力の発電比率が高かった発電会社ほど、このような施策からの負の影響が大きくなり、また石炭火力は多くの電力会社の収益源となっている発電源であることから、改修しながら今まで使ってきたことが今後できなくなるかも、という事態はあまり歓迎できにくい事項であること[112,113]

②究極のところ、高効率と非効率の石炭火力発電の CO_2 排出量の差ですが、あまり大差?がない、というような話も聞かれ、高効率の石炭のみ残すという話はどうなのか、とも感じました。[114]

これらの状況から察するに、日本のエネルギー技術継承や長期的なノウハウ構築、もしくは日本

110『エネルギー基本計画について』https://www.enecho.meti.go.jp/category/others/basic_plan/
111『梶山経済産業大臣の閣議後記者会見の概要』https://www.meti.go.jp/speeches/kaiken/2020/20200703001.html
112『低効率の石炭火力発電休廃止　電力、経営へ影響必至』
https://www.nikkei.com/article/DGKKZO61224410W0A700C2TJ2000/
113『北陸電力、発電5割頼る石炭火力に暗雲　最安の源泉』
https://www.nikkei.com/article/DGXMZO61137300T00C20A7LB0000/
114『自然エネ財団、経産省の「石炭火力の休廃止方針」に3つの懸念を表明』https://www.kankyo-business.jp/news/025322.php

の強い産業に再び育てるという意味においても、原子力発電（リサイクルを含め）の立ち位置を考えるべき、という時期にもいるのかな、とも感じます。古い考え方なのかもしれませんが、原子力（マイクロも含む）という発電は、アジアの大国・中国やインドなどでも進んでいますが、[115] やはり長年のノウハウがかなり必要な業界であり、国家として戦略的産業の1つであるかと思います。また2011年の福島原発事故のように、事故を起こした後は膨大の費用が掛かるわけで、その際の対策も含めリスクゼロのビジネスはどこもない、という立ち位置から考えるのもありかな、と感じています。

また別の目線で見ると、ESGや気候変動の観点から、CO2排出の少ないエネルギーへの転換という意味で、欧州などで化石燃料依存の発電からシフトしている、ドイツ・イギリスなどがあります。加えて欧米のエネルギーメジャー企業（BP,Shell,TOTAL,EXXON等）も将来の成長は従前の上流開発ではなく電力事業であり、再生可能エネルギーの普及や投資、カーボンプライス導入などを通じてCO2削減へ取り組むとは言っているものの、具体的なプランというよりかは、まだまだアイディアベース、を超えてないなと見受けられました。[116] そして興味深いことに、コロナ禍における世界中の自粛や行動制限、経済活動の休止による二酸化炭素削減が見られてはいますが、[117]実際にパリ協定達成を目指すのであれば、この二酸化炭素削減レベルを10年程度継続させる必要がある、とのリサーチがあるようです。[118]

日本の電力セクターについて総合的に考えると、去る2020年7月の経産省大臣の発表は、パリ協定に向けて日本政府として政治的な意欲を見せる以外は、詳細な内容があるわけではなかったのかもしれませんが、もしかして原子力発電再開の機運を少しずつ助長したい、という〝裏の裏〟の事情もあるのかな、と感じております。

115『各国の原子力政策と世界の原子力開発動向』https://www.jaif.or.jp/cms_admin/wp-content/uploads/2017/12/npc2017_report-1.pdf
116『メジャー企業のエネルギートランジション』https://oilgas-info.jogmec.go.jp/_res/projects/default_project/_page_/001/008/743/20200416_Research3.pdf
117『Temporary reduction in daily global CO2 emissions during the COVID-19 forced confinement』https://www.nature.com/articles/s41558-020-0797-x
118『パリ協定達成には…大規模移動制限、10年継続が必要』https://www.nikkei.com/article/DGXMZO60525730Y0A610C2EE8000/?fbclid=IwAR3cdqf5Cg4Rop59Sxf72bIvA3J-dDG2YYuMxWp6lhFzMDCuU_rRGVUrrg0

鉄鋼（高コスト構造と市場縮小の運命）

金融やエネルギー・電力セクターのように、日本の産業の中核を担ってきた鉄鋼業界について、まず簡単な業界バックグラウンドから、解説していきたいと思います。

鉄鋼商品は基本的に一般化（コモディティ化しており）市場動向はマクロの需給面で説明できます。世界における生産面は、1950年の189mtから2018年の1808mtと約70年で10倍弱になりました。国別でみると、足元は中国が市場の半分以上を生産しています（2018年は928.3mtで51.8%）。そして、全体の3割程度は生産国での消費ではなく、第三国へ輸出入されています。

鉄鋼会社別の生産で見ますと、細分化というかトップ10社で25%程度のシェアです。[119] 2018年ではまだアーセル・ミタルが1位にはいますが、2019年には中国勢に抜かれた模様です。『宝武鋼鉄の粗鋼生産量は9522万トンと前年比41%増えた。19年9月に中国9位の馬鋼集団を子会社化した影響が大きい。一方、アルセロール・ミタルの生産量は8980万トンと7%減った。』[120]

鉄鋼生産（所謂粗鋼生産）方法には大きく2通りあります。①が高炉型（BlastFurnace-原料炭など粘着質の高い石炭で燃やした火に鉄鉱石を注入して、鉄を取り出し製鋼するやり方）、②が電炉型（ElectricFurnace-鉄のスクラップを再度熱して製鋼するやり方）になります。ちなみに日本では年間約１００＋mtの粗鋼生産量がありますが、その75％近くが高炉型、残りが電炉型になります。

高炉型のメリットは下記のように言われています。

①大量生産が可能である
②生産コストが安価である
③鋼の厳密な結晶構造や成分調整が可能で、高品質な鋼が生産可能である。

119『中国を軸に大型再編進む　鉄鋼業界早わかり』https://www.nikkei.com/article/DGXMZO57462950R30C20A3000000/
120『再編で肥大化、中国・宝武鋼鉄が世界一　市場に懸念』https://www.nikkei.com/article/DGXMZO58559700X20C20A4FFJ000/?fbclid=IwAR3vFGWA1h9VlfriiLZBy_Fb9GYXiCa94dOIOA2KY-Jo4SEsMXy-E3tj0OY

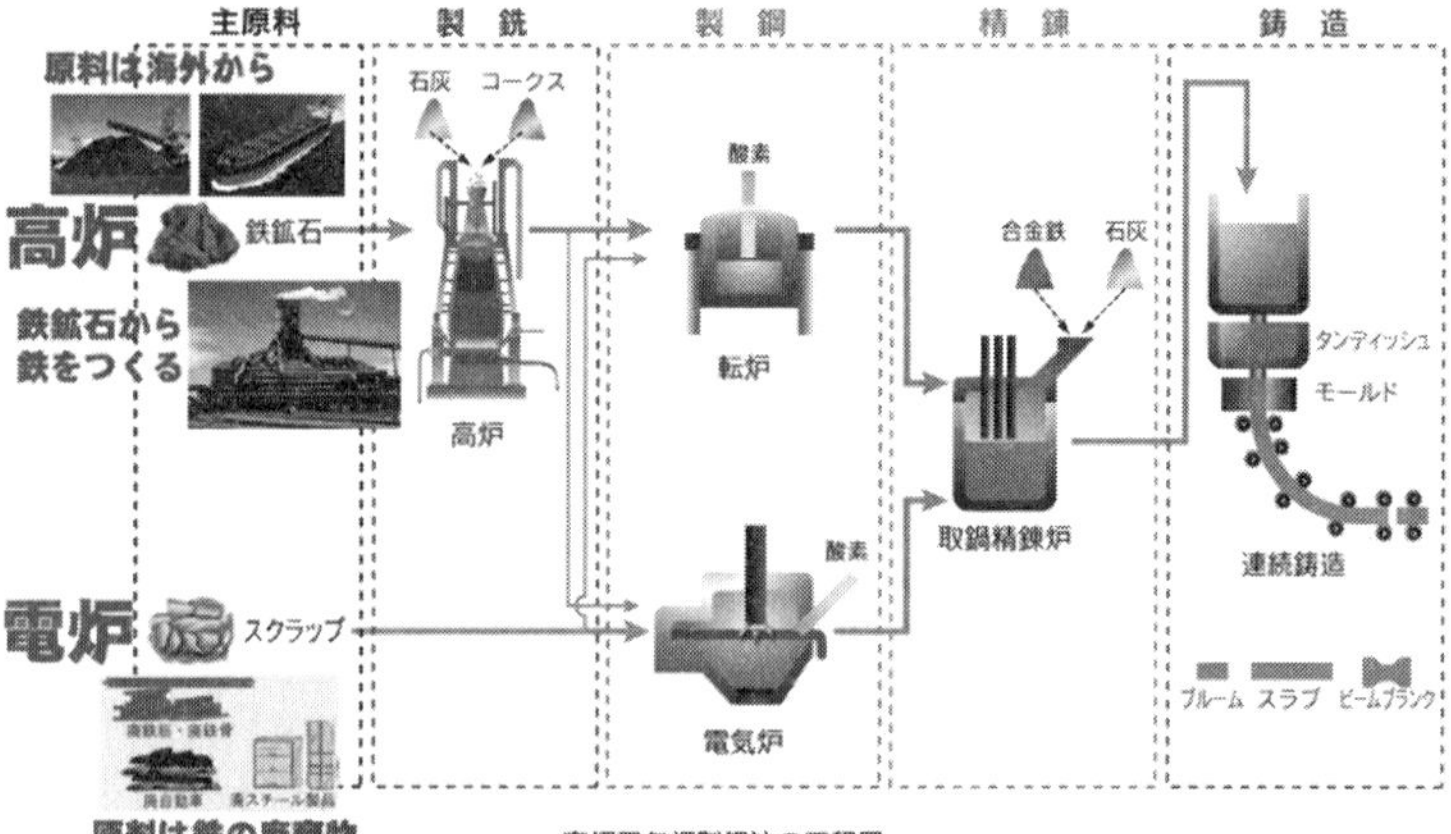

高炉電気炉製鋼法の工程図

（特に自動車や船舶向けなど）

一方、デメリットは

①需給調整が難しく、大量の鋼を作りつづける必要あり

②顧客の海外生産化への対応が難しい

③多額の撤退コストが必要（高炉による一貫製鉄所の建設には兆円レベルのコスト）

電炉型のメリットは

①操業の自由度が高く電炉を止めて需給調整を行うことができる

②工場建設のコストが３００億～１０００億円程度と比較的安価である

デメリットは

①原料の鉄スクラップには不純物が多く含まれ、低品質の鋼となりやすく、用途も建設用鋼材、構造用鋼に限定されやすい（高品質の鋼を生産できる電炉型の会社もありますし、その用途は高炉型のお客様と似ています）

②鉄スクラップが容易に入手可能でないと本手法を取ることが難しい

一方で消費面ですが、国別（2018年）でみると、生産側と同じく中国での消費が圧倒的に大きいです。鉄鋼の使用用途は、グローバルで見ると、建設やインフラ関係で半分強（51%）、そしてその後自動車（12%）、他の金属製品等々になっていきます。

ちなみに日本（2018年ベース）は100+mtの粗鋼生産に対して、国内消費量は65.4mtであり、一定程度のロスを加味しても、30mt程度は海外需要向け、と勘案できます。

総じて日本の鉄鋼業界は、2008年の金融危機やコロナショック以前から、国内経済として

自動車生産や建設需要が横ばいから下方に転じている背景もあり、鉄鋼業界は冴えない内需の中、
①日本鉄鋼業界は内需より外需（特に中国を含めた海外需要に依存）しているという面、
②業界で主力の高炉型会社（日本製鉄[121]やＪＦＥ、神戸製鋼[122]など）は大部分が国内製造という立地から、海外といっても輸出、となり、元々構造上コスト高の製品がさらに高価になりやすく、国際的な競争力は必然的に劣ってしまう、という事実があります。

そんな中75％の国内生産を誇る高炉型鉄鋼会社は、再編合併が近年でも次々と行われ（新日鉄と住友金属、そして日新製鋼は今、日本製鉄となり）、今は３社（日本製鉄、ＪＦＥと神戸製鋼）のみとなりました。加えて３社のうち２社（日本製鉄と神戸製鋼）の上工程は、会社自身も公表しているほどの赤字体質であり、３社とも大事な上工程休止をしながら、所謂構造改革には取り組んでいました。そこに急激な鉄鋼需要減となる、コロナショックが畳みかかって、更なる構造改革を含めた事業展開への圧力がかかっている、ということです。

そのような縮小均衡へ向かっている同業界において経営陣による取捨選択が出てくるわけですが、例として神戸製鋼所は収益の出ている売却を進めています。[123]

高炉型製鉄企業はグループ会社に電力、ＩＴ事業やエンジニアリング、不動産に加えて、鉄鋼商社事業、もしくは海外事業として鉄鋼関連の下工程の設備や鉱山の権益などを持っているケースが多く、その中では恒常的な黒字体質である事業も存在します。難しさは今後も一部で事業売却はありえるものの、特に黒字ビジネスを売却しても、一時的なプラスになろうとも、本業の製鉄事業の悩みは消えず、製鉄事業の撤退も他事業とのシナジーを失うだけという、押しも引きもできにくい会社が多い、という点です。これには最適解がないのですが、本業を立て直す方策を国内市場でなければ、海外市場などに見つけなくてはならないわけです。

また国内市場においても、日本電炉の雄である、東京製鉄のように上手く時代のかじ取り（高炉企業が強いとされる、自動車用鋼板のシェアを取りに行く、という戦略）を取っておられる企

121『2019年度決算説明会』https://www.nipponsteel.com/ir/library/pdf/20200508_400.pdf
122『次期中期経営計画を見据えて』https://www.kobelco.co.jp/ir/library/fncl_results/2019/__icsFiles/afieldfile/2020/05/11/200511_ir_des.pdf
123『神鋼、業績悪化が促す素材の選別　黒字の鋼管も売却』https://www.nikkei.com/article/DGXMZO58795000W0A500C2X96000/

業もいます。[124]

日本の高炉系鉄鋼企業は、高品質・高機能な鋼板をトヨタ自動車等含めた日系自動車産業に提供しており、それが同社の競争力となり、同社の下流部門が顧客の生産拡大と共に海外へ事業を拡大する、という流れになってきていました。（もちろん各自動車会社によって現地調達の比率を高くし、コストを抑える、など推進していますが、大きな流れとして日系鉄鋼企業も日系顧客の海外進出の恩恵を受けていた、という側面がありました。）しかしその（世界一の自動車市場でもある）中国で、中国政府が強く導入を推進しているＥＶ（電気自動車）にて、中国最大手の高炉型鉄鋼である、宝武鉄鋼が高品質であるため、中国のトヨタは今後商材を提供を受ける、というニュースがありました。

『今後は中国勢にシェアを奪われる可能性がある。日本勢が今後も投資を継続できる体力を維持できるかも不透明だ。』[125]

追い打ちをかけるように、２０２０年５月に中国が経済回復から粗鋼生産量を過去最高レベルまで戻したそうです。２００８年のリーマンショックから景気回復させる際にとった政策と似たように、中国の経済回復初期に粗鋼生産増加は多くみられるのかもしれません。[126] しかも日本の高炉大手3社は、海外市場に製造工程はあまり持っておらず、且つ世界一の消費地であり、且つ供給国でもある中国が低コストで大量生産を行い、国内市場で売却できない量は海外市場へ輸出し、国際市場の価格下方圧力となるわけです。

前述の半導体のセクションのように、中国国策による産業の高度化の流れは、この革新が大きくは生まれにくい鉄鋼業界でも同様に推進されており[127]、日本の高炉型鉄鋼企業は国内での需要減、海外市場での日系顧客からのシェア減少となると、今後の持続的な収益力に更なる下方圧力がかかっていくように感じます。

124『東京製鉄、電炉の雄が自動車用鋼板にかける執念』https://toyokeizai.net/articles/-/357935?fbclid=IwAR0QM00C43a1UAa6k4v1e2efmxJWgCAK-jGdwhgUH4vaRzD3XZdLKXGdesw
125『高級鋼板　競争新段階に　中国国策が後押し』https://www.nikkei.com/article/DGXMZO61474810U0A710C2TJ2000/?n_cid=DSREA001
126『中国「粗鋼生産量」過去最高水準に回復の背景』https://toyokeizai.net/articles/-/357620?fbclid=IwAR3CmBgl2njYuvs8Zy1XNP7KuESJjquYPGz1tPApqEnwhT1Sh9J4jNW796w
127『高級鋼板　競争新段階に　中国国策が後押し』https://www.nikkei.com/article/DGXMZO61474810U0A710C2TJ2000/?n_cid=DSREA001

さらにこの度のコロナ禍での国内外の経済低迷が長引きし、世界一の市場である中国での過剰生産設備は維持（しかもコロナ禍で増産まで転換）されると見られている中で、日本の鉄鋼トップからのコメントが的確であるものの、図体が大きいだけに何とも動きにくい、という同社経営の難しさを象徴しているように感じました。

『構造改革を遂行し、生産量が増えなくても収益を確保できる体質をつくるしかない。単純に能力を減らして量を絞るだけでは解決策にならない。利益が出ない設備については更新投資を減らせるように集約し、投資の選択と集中を進める。』128

日本での高コスト・高技術化・人口減など様々な逆風の中、国内での企業・施設再編などを通じて耐え忍んできた鉄鋼業界。しかしグローバルの過剰設備状態や人口動態、業界変動に伴い、先の石油業界も含めて、特に高炉型鉄鋼企業はかなり大きな問題が突き付けら、具体的な問題の影響は様々なところにあると思っています。たとえばですが、

①更なる縮小均衡トレンドの加速に伴う地方経済の悪化

多くの製鉄所は京浜や四日市など所謂工業コンビナート近くや地方都市に多く設置され、一般的にその現地経済や雇用を支えてきた、のですが、製鉄所休止に伴い、その現地のエコシステムが崩れるのでは、と思います。（地方自治体もこれから加速的に財政や人材的にも悪化するのでは？と危惧されます）

②更なる業界再編の可能性

1つの業界に3企業（通信やコンビニなど）にまとまる、といった話も聞きますが、そのような流れが高炉・電炉問わずに鉄鋼業界（日本製鉄と神戸製鋼vsＪＦＥ、とか）なのか、非鉄業界も巻き込んで、促進されるのではないでしょうか。鉄鋼業界が今後どうなるかわかりませんが、国内生産の縮小トレンドにより、どこまで（生産能力やノウハウなど）国益として守るべきか、という人口減・市場縮小の日本におけるこのような大規模製造業の立ち位置が重要だな、と感じ

128『JFEHD社長　「コロナ対応、さらに合理化の可能性」』
https://www.nikkei.com/article/DGXMZO61536330V10C20A7X13000/

ています。

日本経済を支えてきた鉄鋼業界のような重工業（製造業）は、今後も縮小し残ると思いますが、同時に業界として価値を見出してもらいにくくなっている、という現実もあり、既に高効率、生産性向上では解決できない流れは遅かれ早かれ他の製造業にもやってくる、でしょうし、業界内再編以上に、異業界との再編があると思っています。重工系や機械などの企業、IT や通信、航空・ロケットなどもあるのかもしれません。少なくとも、比較的大きな LeapForward が求められている気がします。

交通インフラ（破綻する航空会社と破綻できない？鉄道会社）

日本の社会インフラを支えてきた大きな存在の1つで交通もあるかと思います。この度は航空や鉄道にフォーカスをして、業界のトレンドを見ていきたいと思います。というのも、社会的な扱いはたとえ似ていても、企業的な扱いはどうも違うのでは？と感じております。

まずコロナショックによって、突き付けられた大きな課題の1つは、これまでのグローバル化のトレンドに反して、人々の移動を抑制、できれば100%止めることが必要になったわけです。人々（もしくは貨物）の移動でビジネスをしていた運輸セクター、具体的に鉄道や航空会社は、業績への大きな負の影響を免れない、と考えられます。

鉄道や航空会社を含めた同セクターは、常に大きな修繕（メンテナンスの投資）を行い既存車両や機体、機材、施設の維持や安全運航につとめ、同時に新たな改善・投資（新規投資）を行いながら、旅客増、混雑分散（特急などを含めた複々線工事、航空のタイムスロット拡大等）、リスク回避（安全装置ボタンや事故防止ドア、呼吸マスク等）、そして全体（ブランドや魅力含めた）のバリューアップを行っています。その代わりに、国家からの許認可や規制を受け、一定程度の収益を長期間にわたり享受できるというビジネスモデルの業態かと思います。様々な投資は複合的にかみ合っており、各投資の各リターンが見えるわけでわけでもありませんし、コロナショックにより人の移動が物理的、心理的に制限されたことで、同セクターのビジネスモデルの根幹が打撃を受け、会社からすれば投資やキャッシュフローの難しさを感じているのだろうと思います。

海外の航空会社を例に見ると、特にコロナショック以前までは好調なセクターであったことも災いとなり、その反動から国を代表する航空会社（Latam、タイ航空、ルフトハンザ航空、キャセイパシフィック航空など）が民事再生なり、公的支援をもらうなり、どのように資金不足を免れるよう、懸命に救済策を模索していたわけです（いくつか破綻整理ともなりましたが）。[129][130][131]

日本の場合は、航空会社は大手2社（ＪＡＬとＡＮＡ）に加えて、数社国内線がメインの会社があります。日系航空会社と経営危機、という面で記憶に新しいのは、２００８年のリーマンショック後の２０１０年１月に会社更生法を提出し、一度破綻整理したＪＡＬかと思います。その後政府介入による再生タスクフォースの設立、また稲盛和夫元京セラ社長を迎え入れ、既存株主は１００％減資（要するに価値がゼロになるということ）、金融機関は５２００億円の債務放棄を行い、多くの大型機体の資産売却や給与抑制などコストカットも行い、不採算路線を廃止する一方で、採算性の高い基幹路線は維持を許されました。様々な援護射撃を受け、同社は２０１２年９月には再上場を果たし、無事公的資金は返済されました。[132][133] また直近では、スカイマーク社が２０１５年１月に民事再生法を申請し、株主１００％減資となったものの、投資ファンドのインテグラルやＡＮＡホールディングスの支援を得て、欧州航空機大手エアバスとのＡ３８０型２機の機体購入をキャンセルの交渉や、リース会社など債権者と交渉を行い、無事弁済を終え、２０１６年３月に民事再生の手続きが終了し、２０２０年４－６月期には再上場の予定でしたが、コロナ禍において先送りとなりました。[134][135][136]

また日本の航空大手（ＪＡＬとＡＮＡ）に関しては、コロナショック以前までの高い利益率、配当金の減額、銀行などからの更なる融資枠設定により、資金ショートという場面には落ちない、

129『ルフトハンザ、1兆円の公的支援合意　独政府が20％出資』https://www.nikkei.com/article/DGXMZO59560580W0A520C2MM0000/

130『中南米最大の航空会社、LATAM航空が米で破産申請』https://www.afpbb.com/articles/-/3284961

131『経営難のキャセイ航空、政府主導で支援　5400億円の資本調達』https://www.cnn.co.jp/business/35155024.html

132『JAL再上場で公的資金3500億円が倍になって返ってくるのは喜ばしいが、V字回復直前の「第三者割当増資」の経緯を明らかにすべきだ』https://gendai.ismedia.jp/articles/-/33085

133『再上場JAL、破綻から再生に至る道のり』https://www.nippon.com/ja/currents/d00051/

134『「スカイマーク破綻」とはなんだったのか。わずか1年で民事再生手続き終結。国際線参入目指す』https://tabiris.com/archives/skymark-19/

135『スカイマーク、破綻からわずか5年で再上場へ…民間ファンド主導、鮮やかな再建の成功例』https://biz-journal.jp/2020/01/post_138529.html

136『スカイマーク、再上場申請取り下げ　新型コロナ影響』https://www.aviationwire.jp/archives/200677

と思われます。ただコロナショックの長期化により、国際線の需要の戻りは一段と遅延することが予想され、新型コロナの感染拡大の状況を鑑みながら、国内線市場での収益を上げていくように、といった戦略をとる必要があるでしょう。しかし、ＡＮＡはＪＡＬのように再生することで債権の棒引きをしてもらっていない、言い換えれば、同セクターでも、ちゃんと健全経営されていた会社がインパクトを受けやすい、という皮肉さもあります。

総合的に見ると、島国という特徴上、日本は航空便がないと海外と行き来できず、また空港を地元に作り、多くの人を東京など都市部から輸送してくる、といった地方経済活動を支える面でも航空セクターは重要な役割を果たしており、加えて全国の空港経営も羽田空港など数か所の収益により、他の数十の公的な空港運営を保たせています。[137]このように複雑なエコシステムがあるため、過去の事例から日系の航空会社は、今後も万が一経営不振になった際には、政府や金融機関などが手を差し伸べる、といった事例が見られるのでは、と客観的には見て取れます。広く言い換えれば、金融機関の負債棒引きなり、国民の税金などで負担される業種、とも捉えられます。

もう1つ、交通インフラの重要なパーツを担う鉄道。その中でも、Withコロナ時代での収益悪化が続くとの見込みから、２０２０年８月にＪＲ四国は運賃改定（収入上昇への最終手段）[138]と、ＪＲ東日本が終電繰り上げ、という名の所謂減車・減便という（経費削減に近い）措置を取る[139]と発表しました。

上場しているＪＲ東日本、東海、西日本、九州などは新幹線という高い利益率を保つ路線を多く持っており（一番多いのは東海道新幹線を持つＪＲ東海ですが）、ＪＲ東日本においては稼げる在来線（山手線・中央線）等もあります。しかしコロナショックにより、人の移動が減少し、観光でも必ずしも新幹線を使わない、という思考へ変化していっているようです。たとえば同社の新幹線も２０２０年４−８月の月次情報によると、乗客数は前年比30％にも届いておらず、乗客数減少が深刻化している模様です。

137『空港別収支の試算結果について』https://www.mlit.go.jp/common/001321310.pdf

138『JR四国、運賃改定検討　コロナで収入減　再び減車・減便も』
https://www.nikkei.com/article/DGXMZO63252110R30C20A8LA0000/

139『JR東日本、首都圏で終電繰り上げ　21年春ダイヤ改正』
https://www.nikkei.com/article/DGXMZO63374320T00C20A9CE0000/

また上場していないＪＲ北海道や四国など、元々地方で過疎化、人口減で収入減という長期的な下方トレンドの中で、同じく観光減少や人の移動減少の影響を大きく受け、既に取ってきた経費削減ではもう見合わない水準まで来ており、この度の運賃改定に動いている、ということです。

政府側も鉄道自体を、田舎の不採算ながらも守る必要のある交通インフラであると認識し、支えるような法律（鉄道軌道整備法に基づく欠損補助）などを用意してはいますが[140]、現在はほぼ活用されていない、とのことです。このような措置から、航空会社とは違い、Withコロナ時代においてもＪＲ系の会社が破綻やデフォルト、ということまではならないかと思います。しかし人の移動や集まりでビジネスをしていた企業にとって、Withコロナの状況において、継続的な自助努力を長期的に行っていく必要があることは鉄道でも航空会社とも一緒でありますし、鉄道の場合はすぐに債務整理とは行かないので、破綻整理によって再生が早く収まるわけでもないのでしょう。

加えて、コロナショック以外にも、足元ではＪＲ東海にとって想定外の事態が起こっています。それは従来の東海道新幹線の代わりとして商業利用へ工事を進めている、日本初のリニア新幹線が、最悪の事態として現実しないかもしれない、ということです。

２０２０年７月上旬に、ＪＲ東海の社長と国交省事務次官が相次いで静岡県川勝知事を訪問し、面談を行いました。[141][142] 内容はＪＲ東海が２０２７年開通を目指して工事を進めているリニア中央新幹線の工事に関して、協定が必要な静岡県が準備（ヤード）工事や本体工事を含めた、本建設に関する工事に反対であるため、知事の理解を求めての面談でありました。

静岡県の反対理由は、基本的に静岡工区（11キロ余り）の工事（山の中にトンネルを作る工程）によって静岡県の水資源が損害を受け、また工事に関わる人の命の危険もある、という内容でした。本環境問題に加えて、複雑にしている他の問題は、静岡県にリニアの駅はできず、経済的な

１４０「コロナで経営危機の鉄道」現行法で救済可能か」 https://toyokeizai.net/articles/-/351311
１４１『リニア工事、「準備」の解釈にずれ　JR東海と静岡県』
https://www.nikkei.com/article/DGXMZO61187860W0A700C2L91000/?n_cid=DSREA001
１４２『「リニア、ルート変更考慮を」　静岡知事、国交次官に』
https://www.nikkei.com/article/DGXMZO61401600Q0A710C2L91000/

メリットを享受できない、という点です。

『国は2014年10月にＪＲ東海の品川―名古屋間リニア工事実施計画を認可した。南アルプストンネルの両端に当たる山梨工区と長野工区はそれぞれ2015年、2016年に工事が始まり、いずれも工期は10年。静岡工区は2017年にＪＲ東海とゼネコンの間で契約が結ばれた。すぐに工事に着手して、2026年11月に完了する予定だった。

国は認可にあたり、工事実施に際して地域の理解と協力を得ることや環境の保全を確実に実施することを求めている。静岡県は「南アルプスのトンネル工事は水資源や自然環境への深刻な影響を与えるおそれがある」としており、県内における工事に合意していない。静岡は県の北端をたった11㎞通過するだけだが、この部分の工事が終わらないとリニアは開業できない。

リニアの駅が設置されるほかの都県と違い、静岡県はリニアが素通りする。リニアが開業しても県民には恩恵がない。一方で工事に際して環境への影響というリスクを県民が負うことになる。そのため、静岡県の川勝平太知事が「静岡県にもメリットが必要だ」と主張したこともあったが、最近はおくびにも出さず、環境問題一本槍だ。』[143]

また準備（ヤード）工事と本体工事の考え方の相違、有識者会議での議論の進め方（そしてルートを変更の可能性）、加えて静岡県副知事が元国交省出身の方であり、複雑に問題がさらに絡んできています。[144]

ＪＲ東海において従来稼ぎ頭であった、のぞみなど東海道新幹線が、コロナ禍において2020年4－8月は前年比70－80％減という乗客数になっており[145]、またこのコロナ禍の状況がどこまで長引くか不透明な中、ＪＲ東海単独で行うと決めた本リニア新幹線の工期延期やそれに伴う財務的な負担は、同社の重荷になってくるのではないか、最悪のシナリオとしてリニア新幹線の工事撤退、という状況が現実味を帯びてくる気がしています。

143 『JR東海リニア延期も?静岡「水問題」迷走の構図』 https://toyokeizai.net/articles/-/356353
144 『JRvs静岡県「リニア問題」、非はどちらにあるか』 https://toyokeizai.net/articles/-/361466
145 『JR東海　月次ご利用状況』 https://company.jr-central.co.jp/ir/passenger-volume/

これから交通インフラ会社に望まれる投資や事業の方面は、単なる移動促進だけでなく、人々に感染抑制の措置を取っている、という安心を提供して、移動してもらえるように促す、という取り組みだと思います。特に現段階ではPCR検査も万全ではなく、また抗体検査も精度は高くはありません。そこで空港での荷物検査のように、空港や駅のゲートに、簡易的、即効性のある検査を行えるようにすれば、また中長期的には高精度で簡易的な検査へ、医薬や国の流れと一緒に共同で、投資する体制を整えるのが、交通インフラ企業において意味のある行動と思いますが、やはり難しいですかね。

日本国内不動産市場の今後の流れ

日本の伝統業種の中でも、多くの投資を受けているセクターの1つである不動産市場。1980年代のバブル経済の大きな要因の1つは不動産市場であったともいわれ、その後の不動産価格が、他先進国と異なり、思い通りに回復していなかったが、2000年以降の不良債権処理後、リーマンショックなどの危機時を除いては成長しており、約46.5兆円（2019年の法人企業統計[146]）の市場が日本全体の経済に与える影響は大きい、わけです。

その不動産市場も去る新型コロナの影響から、大きなシフトを受けるのではないかと見られています。分かりやすい例としては、日本を含めた世界中で見られていた、地方から都市への移住と仕事が都市に集中するといった、都市化（Urbanization）の流れは、コロナ禍において、一旦休止という状態になると思います。[147] また30－40代など所謂ミレニアム世代やその後の世代（GenY や GenZ）も仕事や収入を得ることで増えていたツーリズムも、コロナ禍において、一か国のみならず、多国間での協調で公共衛生の改善がなされるまで、大きな変化は見られにくい、と考えます。[148]

このセクションでは、不動産市場のサブセクターと呼ばれるグループに関してコロナ禍、そし

146 財務省　年次別法人企業統計調査（平成30年度）https://www.mof.go.jp/pri/reference/ssc/results/h30.pdf
147 『データで確認する新型コロナ感染拡大の背景－グローバル化と都市化がもたらした感染拡大』https://www.nli-research.co.jp/report/detail/id=65184&pno=2?site=nli

て今後の流れについて、少しずつ解説していきます。簡単な結論としては、ホテルや一部の商業施設を除いて、バブル崩壊後のように、不動産市場の価格が大きく沈み、回復が見られないという状況にはなりにくく、逆に待機資金も多いことから、市況の回復が見られるのでは、と考えています。

オフィス

まず東京都心のオフィス需要は、企業のテレワークシフトにより、相対的に需要が減退していくのでは、と考えています。その流れは伝統的な日系企業ほど顕著で、富士通[149]や東芝[150]など、テレワークシフトとそれに伴う一部オフィス退去という流れが証左かと思います。一方で、コロナ対応として大きく取り入れられたテレワークが浸透していく中で、テレワークのみでカバーできないと考える会社もあるようで[151][152]、またテレワークで一部の生産性が下がっているとも見られています。[153]従って、すべてのオフィス減少になるわけではないでしょうし、またオフィスの契約形態は、数年前からの契約となっている場合も多く、すぐに賃料下落とはならないものの、中長期的には一定程度の賃料低下、もしくは空室率上昇がみられるでしょう。[154]一方で賃料下落となれば、新規テナントの入居も一定程度あるでしょうし、そしてテレワーカーのみならず、個人事業主で仕事をする、所謂ギグワーカーにとっても、家ではない、コワーキングスペースのニーズもある程度存在すると思われます。

全体的な大暴落はすぐには無いかと思いますし、また空室率上昇や賃料減少により2020年から数年間は下方曲線となるかもしれませんが[155]、コロナ感染拡大の対応ができてくることで、また徐々に回復すると考えています。[156] 実際に、コロナ禍において一旦値段が下がった際（2020年4−6月ごろ）に、大手投資家（不動産ファンド、保険会社や不動産会社）による

148『不動産投資額が22%減　CBRE調査 20年第2四半期　更なる落ち込みを懸念』 https://www.jutaku-s.com/newsp/id/0000044585
149『富士通、オフィス半減発表　在宅勤務支援に月額5千円』 https://www.nikkei.com/article/DGXMZO61187120W0A700C2EAF000/
150『東芝がオフィス面積を3割削減へ　富士通に続き、電機各社で広がる』 https://www.itmedia.co.jp/news/articles/2009/18/news048.html
151『勤務、在宅やめ出社に　キーエンス、机の間に仕切り/ダイキンは座席配置を工夫』 https://www.nikkei.com/article/DGKKZO60470110X10C20A6TJ2000/
152『在宅勤務「死なせるか・生かせるか」の致命的差』 https://toyokeizai.net/articles/-/353532
153『在宅で生産性低下、日本は4割』 https://www.nikkei.com/article/DGKKZO64048330Y0A910C2FFT000/
154『東京オフィス空室率、3ヵ月連続で上昇』 https://www.re-port.net/article/news/0000063380/

売買が見られ始めたようです。色んな売却理由（資金回収、資産の組み入れ直し等）あると思いますが、一等地の商業・オフィス物件（銀座や八重洲）なども売買されているようです。[157]
同時に、混雑の通勤電車を通じたコロナ感染を防ぐため、またテレワークだけでは培えない人との繋がりの場を取り戻すため、今後は週1−2日程度の通勤なり、郊外型サテライトオフィスと都市型オフィスの2拠点型もありえるのかな、と思いますし、そうなると住宅地近くにいくつかオフィスを作り、中小のオフィス分散が進むのでは（TKP/RegusやWeWork等）?と思ってはおります。[158]

住宅

コロナショックを通じた、住宅購買層（30−40代）の経済力低下による購買力の低下がみられるかと思い、また銀行も住宅ローンというよりは企業救済のほうに時間を取られているようで、新築住宅の需給においては、相対的に短期的には需要減、供給過多になるのでは、と考えます。[159]一方で、ギグワーカーなどを含めた全体的な労働者の所得減の傾向もあり、所得200−300万円程度の層にフォーカスをした、中低所得層住宅の賃貸需要は今後も出てくるのでは、と見られており、投資ファンドなども注力しているようです。[160]

投資ファンドに加えて、安価になれば、という海外投資家もいらっしゃるようで、価格面でも暴落となるような、印象ではありません。特に東京の賃貸住宅市場に関しては、中国人投資家が増えている、とのことです。

『コロナ禍による海外渡航の制限が掛かっているため、物件の見学に来日できないだけで、中国人投資家の意欲は衰えていません』[161]

155『オフィス賃料、都心で下げ　市況の「感度」上がった理由』https://www.nikkei.com/article/DGXMZO63978450X10C20A9XQD000/?fbclid=IwAR0jma0PQKH3soAP4uUGXSxorxl4md1o3oj4WytWSjhcAc0cxA9jpeRn2kM

156『コロナ禍でも「不動産価格急落のオーバーシュートはない」』https://business.nikkei.com/atcl/gen/19/00005/042000133/?P=1

157『不動産投資に底打ちの兆し　コロナ禍で選別色も』https://www.nikkei.com/article/DGXMZO61194730W0A700C2EE9000/

158『TKP、新宿に首都圏初の一棟全てレンタルオフィス・コワーキングスペース「SPACES新宿」10月1日開業』https://prtimes.jp/main/html/rd/p/000000179.000024137.html

159『マンション市場、眺望不良　コロナで冷える不動産』https://www.nikkei.com/article/DGXMZO60100970Y0A600C2K10100/

160『「中低所得層向け住宅は手堅い」米投資会社フォートレス日本代表』https://business.nikkei.com/atcl/gen/19/00167/061000008/?n_cid=nbpnb_fbed&fbclid=IwAR33ekCls2CCxacNpWHUJgGD3rtVYzUsl3fiulWJRr5Rysw7MLWvigY8u5U

161『不動産市場・座談会　東京に中国人投資家が再び触手』https://www.nikkei.com/article/DGXMZO62262580U0A800C2000000/?fbclid=IwAR04w0elHha9CqlTP4Phx9YKZ_gW1-ijeKvbTjlv8Gu8VgAX81hpFuqbMdl

加えて高齢化に伴う空き家問題はあるものの、逆に空き家のオーナーも改修と一緒に、都心の築年数が一定程度ある物件（アパート）などをリノベし、安価に購入でき、且つ在宅勤務でも心地よく仕事できる環境を整えた中古住宅などへの需要は今後も続きそうです。[162]

対照的に相続税対策のためのタワーマンションなど[163]、高級志向へのニーズは弱くなっており[164]、テレワークの浸透や通勤が依然より必要なくなるという場面において、東京でも2020年7月には、若干ながら人口流出となってきております。[165]しかし東京から郊外移住自体は、あまり安易ではない、と見られており[166]、一部を除き、すぐに郊外へ出ていく、という意向があるわけでもないようです。[167]

総合的に見ると、都心の高級マンション以外の東京や首都圏郊外（千葉、埼玉、栃木、茨城、山梨等）住宅需要は、今後も盤石そうですし、価格下落となれば、買い手が現れそう、です。但し、高齢化による空き家問題も同時に見ておく必要がありそうです。

商業施設

都心での人口流出と非接触のECのトレンドが強くなることに加えて、コロナ前より外食の機会が減り、コロナショックによるインバウンドの支えも少ないとなると、都市中心のモールやデパート、ショッピング施設へ負の影響は大きくなるのかな、と感じます。[168] 実際に緊急事態宣言発出後、多くの商業ビルの閉鎖で、オーナーに対して、商業テナントの家賃削減や、住居賃料も値下げを求められたようです。[169] 一方で上記オフィスと住宅の話に結び付きますが、コロナショッ

162『中小老朽不動産、「ウィズコロナ」改修で人気復活』https://www.nikkei.com/article/DGXMZO60902760Y0A620C2X11000/?fbclid=IwAR0ZRX5LUnJ662pdaZ5HC594hKn_eOW4i4WVpmnt01cJi7oVfSu3hD5NcLI
163『建築家 隈研吾「大箱の超高層都市は終わり、自然との一体型へ変わる」』https://premium.toyokeizai.net/articles/-/23924?fbclid=IwAR2C7zaXKOrKjRX4V_xw541KFRRQhQCmFIUV1esM5fVtedKn_B8C-5xTTtU
164『コロナで相続節税に大逆風　賃貸経営に「赤信号」』https://www.nikkei.com/article/DGXMZO61815500S0A720C2PPE000/
165『コロナが影響？ 東京圏、集計開始以降初の人口流出』https://news.mynavi.jp/article/20200828-1254826/
166『コロナ移住、結局「首都圏近郊」が人気なワケ』https://toyokeizai.net/articles/-/366933?fbclid=IwAR0Beqh2wsnJ5hB9OUmDB1EAbhWwYogEeup79p0Es3gc15hOgFIlbPK0o
167 内閣府 未来投資会議（第42回）2020年7月30日開催『基礎資料』https://www.kantei.go.jp/jp/singi/keizaisaisei/miraitoshikaigi/dai42/siryou2.pdf
168『銀座の賃料5％減、ビール販売戻らず－飲食店倒産が幅広く影響』https://www.bloomberg.co.jp/news/articles/2020-08-28/QFN9JGT0AFBM01
169『コロナで相続節税に大逆風　賃貸経営に「赤信号」』https://www.nikkei.com/article/DGXMZO61815500S0A720C2PPE000/

クによる在宅勤務の増加や郊外型の住む方がもっと浸透すると、ECではカバーできない、日用品などの購入に関して、郊外型モールへの買い物ニーズなどは相対的に上がってくるのではないかな、と見ております。[170]

物流

コロナショックにより、一番恩恵を受ける不動産サブセクターでしょう。人ではなく、モノが動く世界において、非接触や安価、スピーディの対応が可能なECへの追い風は、コロナ禍を契機に、今後も続くでしょう。またEC導入が少なかった企業やセクターも、伝統的なやり方では追いついていかない、という懸念からECを今後取り入れる必要が出てきており、モノを保存、輸送のポイントとなる、物流施設は今後も追い風となるでしょう。そのような背景から投資ファンドも継続的に投資しているようです。[171]

ホテル

物流施設とは対照的に、コロナ禍において一番大きい負の影響を受けたのは、ホテル（及び民泊）だと思います。外国人依存が大きかった東京や大阪など都市部へのインバウンドが激減したことや、2020年でのオリンピック開催延期も追い打ちとなりました。またコロナ禍における移動制限もあり、国内旅行でも全体的な需要低減となり、総合的にインパクト大きい、と見られています。

インバウンド激減により、大阪のホテルは身売り話となったり[172]、ビジネスホテルのようなFirstCabin[173]やWBFなど、ホテルオペレーターの破綻などが報告されています。[174]特にオリンピック特需やインバウンドをターゲットに運用計画されていたホテルに関しては、今後国内でのコロナ状況が一定程度落ち着いても、コロナ感染拡大の状況に応じて、国境が空いていく、

170『壁に当たった都心型ブランドとファッションシステム　小島健輔リポート』https://www.wwdjapan.com/articles/1114976
171『大和ハウス物流施設、米ファンドが取得　550億円』https://www.nikkei.com/article/DGXMZO62092680Q0A730C2TJ1000/
172『稼働率は一桁、大阪のホテルで相次ぐ身売り話』https://business.nikkei.com/atcl/gen/19/00167/052900002/
173『東京コンパクトホテル運営ほか（株）ファーストキャビンほか4社〜新型コロナが影響し、稼働率が10％にまで低下〜』https://www.tsr-net.co.jp/news/tsr/20200424_02.html
174『関西のホテルで相次ぐ大型倒産、「コロナだけではない」原因とは』https://news.yahoo.co.jp/articles/833f6f813553535c39eec95be57b9a101cd8b209

という状態なので、海外からの観光ニーズはすぐに回復とはならないか、と思われます。[175]そして一部のリミテッドホテルは、ホテル市場の供給過多を見越して、なのかは分かりませんが、eSports 特化型ホテルに変化させた施設がオープンさせたそうです。最近の力強い eSports への嗜好転換にホテルを合わせていく、という、トレンドに沿ったピボット（方向転換）のような形でしょうか。[176]

またホテルの宿泊以外部分の飲食、所謂 F&B（Food&Beverage）に関しても、コロナ感染対策を行いながら、一定程度の回復はみられるかもしれませんが、以前ほど大勢でのパーティーや懇親会がホテル会場にて行われにくくなっている現状もあり、リアルイベントが回復するまでは時間はかかると思います。

日本の REIT（不動産投資信託）市場

最後に、投資家として不動産市場へのアクセスは、実物不動産か REIT に限られております。様々なサイトに実物不動産と REIT の比較がされていますが、簡単にこちらにまとめております

のでご確認ください。[177][178]

実物不動産ー集中投資、基本的に大口投資（数百万円から）、固定資産税などの運用経費や修繕費、異なる売買時の税金（短期・長期保有）、比較的低い流動性、レバレッジ（融資）活用

REITー分散投資、小口・少額から投資、20％の証券税率適用、高い換金性・流動性（上場株式のように）、レバレッジ（融資）なし

不動産市場としては、不動産関連の債券（商業用不動産ローンの証券化商品と呼ばれるCMBSなど）が引き金となった2008年の世界金融危機以降、大きく下落した不動産価格は、総じて一貫して上昇となってきました。その上昇要因の1つに、上場株のように流動性も高い、

175『年間客数1000万人が300万人に急減　リゾートの雄・沖縄が描く「ポストコロナ」』https://mainichi.jp/articles/20200919/k00/00m/040/098000c

176『国内初「eスポーツ特化型ホテル」が大阪日本橋に　7月3日プレオープン』https://forbesjapan.com/articles/detail/35400?utm_source=Facebook_FJ&utm_medium=social&utm_campaign=A_facebook&fbclid=IwAR0q73yjTW0uWUNFWzhy1zYE1bS6Ed7T4jhGPsCzz7yoiuzMPiQ88LfOazY

177『はじめての不動産投資　実物不動産と比較した「J-REIT」のメリット・デメリット』https://www.nomu.com/pro/trend/first/20190417.html

178『表面？実質？不動産投資の「利回り」計算方法を解説』https://www.crowd-realty.com/article/tips/yield/001/

REIT市場への資金流入もあるといわれています。黒田日銀総裁による大規模な金融緩和によるREIT株の購入に加えて、低金利の環境下で高利回り投資を目指す投資家が、REITの安定的な配当利回りに注目して投資していたことから、「イールド・ハンティング（利回り狩り）」と言われるような、投資行動が見られました。[179]

コロナ感染拡大が見られ、世界中の株式市場が暴落となった2020年3月には、投資家による需要が急激に消えたことで、REIT価格も下落し、損失確定での、長期投資家の売り（地銀など）もこの流れを加速させ、需要の蒸発につながった、とも言われています。[180]

しかし2020年3月の下落以降、日銀による更なる金融緩和姿勢も見られたことも好感され、REIT市場は上昇基調に転じています。加えてREITは結局実物不動産を購入したファンドでありますので、一部のサブセクターを除いて、市場全体の回復が見られるという上記見通しをベースにすると、REIT市場も中長期的には回復していくのではないかと考えます。[181] 加えて投資ファンドからの投資待機資金が多いこと、運用難の投資家ニーズからも、不動産市場へ資金が今後も流入すると考えられており、これらの要因も直接的・間接的にREIT市場を支えていくと思います。

【With・Without コロナを通じた今後の流れ】

このセクションでは、この度の新型コロナウイルス感染拡大による直接的な変化とは必ずしも限らないものの、日本国内のみならず、一定程度世界的な動きとして、変化が見られていくであろう、いくつかのエリアについて紹介していきます。

国際会計・ワイヤーカードから見る、優秀な人材が不足している産業（国際的な専門職のニーズは依然好調か）

179『コロナで大暴落したREIT　株よりも有望に?』https://www.nikkei.com/article/DGXMZO58412460T20C20A4000000/
180 ibid
181『J-REITの勝ち組を探す　コロナショックで二極化進む』https://www.nikkei.com/article/DGXMZO59138160V10C20A5000000/

数年前にニュースで出ていた、英オックスフォード大学発表の、コンピューターなど自動化に、今後10年で取って代わられる仕事のリスト。その中には、所謂ブルーカラーに属するような単純労働も入っていますが、一方で所謂ホワイトワーカー（たとえば、銀行、弁護士事務所、会計事務所での勤務の方）にも影響がある、ということで、注目を浴びました。[182] 国際会計の分野でも、ある程度の自動化ニーズがある一方で、優秀な人材を育成、確保し続けないと続かない業界でもある、と思わせる案件が直近（２０２０年6月）でもありました。

ドイツの大手フィンテック企業であったワイヤーカード社（ドイツ株式市場の指数であるＤＡＸ３０への組み入れられていた銘柄）が、自社の不正会計から帳簿に載っていた手元資金、約２２００億円が存在していなかった、という事実が発覚し急転換が起き、同社は破綻となり、部門ごとに他社へ売却交渉に入ったのですが、まずは時系列で出来事をおさらいしようと思います。

２０２０年6月18日に、ワイヤーカードが監査法人ErnestYoung（ＥＹ）から19億ユーロ（約

２２００億円）の残高が確認できないと通告されたと発表し、資金消失疑惑が表面化しました。[183]

翌日の６月19日にマークス・ブラウン最高経営責任者（ＣＥＯ）が辞任を発表したが、同時に他の銀行と、融資継続について「建設的な協議」を実行しているとも発表しました。[184]

６月21日にフィリピン中銀により、２０１９年にシンガポールからフィリピンの大手２行に移動されたと見られていた資金（19億ユーロ）が、同国の金融システムに入り込んだ事実はないと発表された。[185]

６月22日にワイヤーカード社は、銀行の信託口座に資金が存在していなかった可能性が高いとし、２０１９年通期と20年１～３月の決算取り下げを発表しました。[186]

６月23日に辞任したブラウン前ＣＥＯが、収益などを偽って株価を操作した疑いから逮捕さ

１８２『オックスフォード大学が認定　あと10年で「消える職業」「なくなる仕事」』https://gendai.ismedia.jp/articles/-/40925
１８３『ワイヤーカード、年次決算の発表を再び延期－現金2300億円が不明』https://www.bloomberg.co.jp/news/articles/2020-06-18/QC46JMT1UM0W01
１８４『ワイヤーカードＣＥＯが辞任、現金2300億円不明で株価急落続く』https://www.bloomberg.co.jp/news/articles/2020-06-19/QC5WR3T1UM1101
１８５『独ワイヤーカード、不明金が存在しなかった可能性指摘　決算を撤回』https://jp.reuters.com/article/wirecard-accounts-idJPKBN23T0LZ
１８６『独フィンテック大手、経営危機　2200億円が行方不明に』https://www.nikkei.com/article/DGXMZO60660070S0A620C2EA2000/?fbclid=IwAR2kqoFt-JlhONfvVHejb8lCapktdoFGBQK_XjAz0Dk7yz72vE7-rNs7Rlg

れました。(その日に保釈金を払い保釈もされました)。[187]

6月25日に同社が、破産手続きに入りました。[188]

6月26日のFTによると、『会計監査を担当していたアーンスト・アンド・ヤング(EY)が預金残高の十分な確認を3年間怠っていたと報じた。…EYは2016～18年、ワイヤーカードがシンガポール大手のオーバーシー・チャイニーズ銀行(OCBC)の口座に持つとされた最大10億ユーロ(約1200億円)について、銀行側に直接の確認を取っていなかった。資産の受託者や同社が提供した書類、画面コピーなどで手続きを済ませていたという。』[189]

日経によると『EYはワイヤーカードの不正会計疑惑について「世界の複数の機関が関与した、入念かつ巧妙な詐欺行為だ」との声明を25日に出していた。「最大限の強固な監査手続きでもこの種の不正は見つけられないだろう」と弁明したが、監査プロセスの適正性に今後メスが入るのは避けられない。』[190]

日本との関りだと、ワイヤーカードは2019年4月にソフトバンクグループ(SBG)の関連会社との提携し、発行済み株式の約5.6%分に相当する普通株に転換できる新株予約権付社債

（転換社債＝CB）をSBGの子会社が約9億ユーロで引き受けることなどで合意していた、そうです。[191]

2020年6月のワイヤーカード社破産を受けて、同社はDAX30から除外され[192]、また事業売却も進み、米国部門（以前のCitigroup' sPrepaidCardServices）は他社への売却が進行中しており、英国事業（Railsbank,aUKstart-upbackedbyVisa）とブラジル事業（PagSeguroDigital,aNewYork-listedcompetitor）も各売却相手に売却が決まった[193]、と

187『独ワイヤーカード前CEO逮捕　2200億円不明、不正疑惑』https://www.nikkei.com/article/DGXMZO60691970T20C20A6EA1000/?fbclid=IwAR3uYCwpqObqKPzM_nnH7bDR5ciUoyVWcGtBOAIvdImIlZPrvWVIjRWG_6Y
188『フィンテック初の大型破綻　独ワイヤーカード、影響深刻』https://www.nikkei.com/article/DGXMZO60805520V20C20A6EA1000/
189『独ワイヤーカード監査のEY、預金を3年精査せず　FT報道』https://www.nikkei.com/article/DGXMZO60889920X20C20A6000000/
190『「巧妙な不正」、独ワイヤーカード破綻の巨大波紋』https://www.nikkei.com/article/DGXMZO60828060W0A620C2000000/
191『独決済ワイヤーカード、CEOが辞任　2200億円不明問題で』https://www.nikkei.com/article/DGXMZO60599310Q0A620C2NNE000/
192『Wirecard to be pulled from Dax, crowning spectacular fall from grace』https://www.ft.com/content/878cfd2e-309c-4fc6-a145-28c77943cd70
193『Wirecard break-up begins as it sells off UK and Brazil businesses』https://www.ft.com/content/1c3ed487-c0ee-4b55-93b1-a3c323861e9b

いうことです。

まだすべての真実は分かっていないものの、ドイツ検察の見立てだと下記のようである。

『マークス・ブラウン氏ら旧経営陣は5年前の2015年に売上や資産を水増しすることで意見を擦り合わせ、その後、偽りの決算情報をもとに銀行や投資家から32億ユーロを引き出した疑いがある。ワイヤーカードの破産申請によって、これらの資金は「失われてしまった可能性がかなり高い」(ライディング検事)という。水増しの手段になったのが「TPA」と呼ばれる海外のパートナー企業との取引だ。ワイヤーカードはクレジットカードなどの資金決済サービスを請け負う会社だが、免許のないアジアなどでは第三者のパートナー企業を通じて業務を行っている。TPAを通じ、実態のない取引が売上に計上されていた疑いが強まっている。』194

上記見立てが真実であれば、ワイヤーカード経営陣は悪意のある詐欺を行っていた、ということ、と思われます。そして5年間もその不正会計を見抜けなかった、ドイツ連邦金融監督庁や監査法人の体制やプロセスも大幅に見直されるように動いていっているようです。

『ドイツのショルツ財務相は16項目からなる行動計画の作成を始めた。…金融監督庁に対して金融市場に関係するあらゆる企業に特別検査を実施する権限を持たせるなど、監督機能の強化が柱となる。…企業に監査法人を10年ごとに交代することを義務付け、監査法人の助言業務と監査業務も厳しく切り分ける。』[195]

但し問題はここでは終わらず、根が深いのだろうと思います。2011年に発覚したオリンパスの粉飾決算[196]、2015年に発覚した東芝の不適切会計[197]、ジャパンディスプレイの在庫の過剰計上[198]、など、規模の大小はありながらも、日本においても大手上場企業が、ワイヤーカードのような会計監査の不正粉飾を行っているケースはやはり増えている状況のようです。[199]

194『独ワイヤーカード破産　金融当局、監督強化へ法改正』https://www.nikkei.com/article/DGXMZO61999880Y0A720C2EE9000/
195 ibid
196『オリンパス事件は粉飾決算事件。上場廃止の危機にまで陥ったオリンパスの問題とは？』https://business-career.jp/articles/j1kD29TDDKv1il3p39Or
197『東芝、不適切会計 根深く　ほぼ全事業に疑念拡大』https://www.nikkei.com/article/DGXLASGD22H8F_S5A520C1EA2000/
198『JDIが生煮えのまま片付ける「不正会計疑惑」』https://toyokeizai.net/articles/-/345639
199『会計不正5年で3倍、粉飾や資産流用　統治実効性課題』https://www.nikkei.com/article/DGXMZO62482610Z00C20A8MM8000/?fbclid=IwAR3C0kcTBosqT60fScFpfdB10oLEWEJL65ECOK-ulhrt1OFIBLPkzkyd6Q

特にコロナ禍において、キャッシュフローをどうしていくか（所謂企業をどう延命させていくか）が一番大切である一方で、コロナショック以前の〝好業績〟の見せ方や会計〝不正〟の手法は基本的にキャッシュフローを生むものではありません。今後好業績と表では見せていた企業のキャッシュクランチ（現金不足）を生む可能性が高く、同時に会計不正がもっと多く出てくるのかな、と思います。

企業活動がグローバルになりつつあり、大手監査法人が担う役割が広く、そして詳細な深さも求められる一方で、大量の仕事量の割には割り当てられる人数や報酬がとても少ないようでして、要するに公認会計士など資格取得のハードルが高い割には、監査法人での仕事の魅力がなくなっており、見合わない仕事という位置づけになりつつあるようです。

一般企業のビジネスモデルが複雑さを帯びるため、会計監査の仕事が自動化に、すべて取って代わられることはないでしょうし、やはり優秀な人材が継続的に必要とされる業界（監査法人等）とは思います。今後は魅力的な仕事にするなど、業界の改革もあるでしょうが、必然的に優秀な人材の取り合いになるかと思います。

教育機関での変化
（授業のオンライン化を通じた大学への経営的影響と、教育関係団体への存在意義）

コロナ禍において、休校などから学校教育がデジタル化の流れにかなり遅れを取っている、という認識が広がったかと思います。所謂義務教育や高校までの、学校への登校が必要、もしくは学校という共同体での学びが重視されている場面が多い場所では、今後もDX（デジタルトランスフォーメーション）が進んでいくかと思いますが、どちらかというと変化には遅いのかな、とも感じます。

一方でコロナ感染拡大が一服し、小中高校が実際に登校を始め、対面して授業を行っているにも関わらず、高等教育（SecondaryEducation）と言われる大学などは、2020年度は依然としてオンライン授業が継続しています。[200] ＤＸの面に関しても、高等教育機関の方が導入の速さ、また今後の変化が早く見える部門である、と考えます。それは経営面へ負の影響が大きい可能性があるからです。

オンライン授業継続は日本以外の海外の大学では広く行われており、米国では教育の質が落ちたとの結果もあるそうです。[201] 加えて高等教育のＤＸ化促進として、もちろんコロナ感染対策という面が大きいですが、米国では、既存の対面授業を行わず、オンライン授業で代替するのであれば、年間５００－６００万円程度掛かるとされる、大学の高価な学費を払う必要がないのではないか、という強い値下げ要求が生徒側からあり、一部の私立大学では学費減額を承認したようで、既に減収という形で影響が出てきております。[202] しかしオンライン授業を行っているすべての大学でそのような傾向が見られているわけではないようで、その理由の１つとされているのは、米国への留学生が減少する見込み、という面も影響しているようです。

２０２０年７月７日に米移民税関捜査局（ＩＣＥ）が、学校の授業がオンラインのみで行われる場合には、海外からの留学生は同学校への学生ビザ発行を認めず、また米国に入国もできず、現在米国に滞在している場合は、帰国もしくは転校の必要がある、という趣旨の発表をしました。[203][204]

当時はコロナ感染対策として、ハーバードやMITなど著名な大学も2020年9月からの学期を、オンラインのみとしていた大学も多く、経済活動の回復、また人の往来が必要と唱えるトランプ政権の意向に反している大学への、一種の処罰的なアクションでないか、と見られていていました。[205] この措置の例外はハイブリッド型（所謂物理的に出席が必要なクラスとオンラインクラスの融合）を9月の学期から採用している大学への留学生は引き続き受け入れる、といっ

200『国内大学、秋以降も遠隔続く　新入生のケアなど課題』https://www.nikkei.com/article/DGXMZO63081600W0A820C2EA2000/?n_cid=DSREA001
201『世界の大学「封鎖」解けず　遠隔中心、質低下に懸念』https://www.nikkei.com/article/DGXMZO63081810W0A820C2MM8000/
202『[FT]コロナ禍の米名門大　問われる授業料減額』https://www.nikkei.com/article/DGXMZO61941060X20C20A7000000/?n_cid=DSREA001
203『International students may need to leave US if their universities transition to online-only learning』https://edition.cnn.com/2020/07/06/politics/international-college-students-ice-online-learning/index.html?fbclid=IwAR37H_9MCXgjdPiywukUejGDTkiU-bpyPR_7okF8SPRTosF3l_nhycWRik
204『米、留学生ビザを制限　オンライン授業のみなら発給せず』https://www.nikkei.com/article/DGXMZO61273120Y0A700C2000000/
205『[FT]米ハーバード大とMITが提訴　留学ビザ制限撤回求め』https://www.nikkei.com/articleDGXMZO61329210Z00A7000000/

た方針でした。

その後、大学や企業から様々な反対意見や裁判所の判断もあり、トランプ政権も一旦はこの政策を撤廃し、米国にいる留学生の（対面授業やハイブリッド型の大学への）転校や出国は免れたのですが、同年7月24日に再度米移民税関捜査局（ICE）の発表があり、同年3月9日までに入学手続き済み、もしくは既に入国している留学生は完全オンラインでも留学を続けられる一方で、大学が秋からの新学期の授業をすべてオンラインで実施する場合、外国人留学生の入国を認めないとしました。[206] 対面授業を再開させ、経済活動も再開させたい、というトランプ政権の思惑があるとされるものの、その裏には米中対立という軸も見え隠れするのかな、と感じます。

特に直近は中国からの留学生は毎年30万人と言われており（一説には毎年数兆円ほどの経済効果をもたらしていたようで）、基本的に米国での奨学金制度が使えないため、満額の学費を払う留学生は多くの米国大学にとってドル箱であったわけです。さらに、MBAなどプロフェッショナル型の大学院であればあるほど、もっと高額の学費（年間1000万円程度）を支払う必要があり、安全面を考慮してオンラインに、と促しても、そこに合計数千万円も投資する本当の価値があるのか、という疑問が消えないわけです。[207] 一方でトランプ政権としては、留学生という制度を活用して、米国でスパイ活動をしていたのではないか、という疑念をもっており、間接的に雇用も奪っているのでは、という考えもあり、米中対立という面も拭えないようです。[208]

日本でも大学に対して、オンライン授業のみでは大学施設も利用していないし、従来の学費には見合わない、またアルバイトの機会減少により、経済的に困窮している生徒も同時に増え、生徒側から学費減額要請や減免申請が見られております。[209][210]

206『米、オンライン授業のみの留学生入国認めず』https://www.nikkei.com/article/DGXMZO61915770V20C20A7NNE000/
207『"留学封鎖"が加速する米中分断』https://business.nikkei.com/atcl/NBD/19/world/00243/?P=1
208『米、一部の中国人大学院生などにビザ発給停止　研究盗用防止で』https://jp.reuters.com/article/usa-china-visas-idJPL4N2G63FX
209『「学費減額を」コロナ禍で学生切実　家計圧迫、奨学金の欠陥…「国も支援を」』https://www.tokyo-np.co.jp/article/50850
210『コロナ影響の関学大生、学費減額を求めネットで署名活動』https://www.kobe-np.co.jp/news/hanshin/202008/0013647868.shtml

　また日本国内に多く存在する、資格管理団体（有名な英検、漢検以外にも多数ありますが）への経営的影響は甚大です。英検・漢検のような財政的に盤石で、組織内でオンライン受講への転換もでき、且つ参考書の販売や広く・多くの教育機関との繋がりがあるような資格団体は例外であるものの、一般的な資格管理団体の主要収入は、試験当日の受験料でありました。比較的マイナーな資格となると、コロナ禍において春夏の受験施設へのキャンセル料や団体維持の固定費などがかかる一方で、オンライン化も進められておらず、またオンライン化でたとえ門戸が広がったとしても、人口減少も相まって、受験者数が必ずしも増えるわけではありません。[211] フランス語・ロシア語・イタリア語検定など、日本国内向けだけの試験で、英語でいうＴＯＥＦＬ・ＴＯＥＩＣのようなグローバルで活用できる試験でない資格となると、資格取得に関する存在意義や今後の発信の仕方に更なる模索が必要であると思います。

　このような資格管理団体は、試験のオンライン化（そしてカンニングができないような、家でも受講できる体制を整える）に加えて、資格勉強による付加価値（就職などの金銭面だけでなく、資格取得を通じた新たなネットワークの広がりや知見など）を資格管理団体がスポンサーしてでも進めていく必要があるように感じます。

教育のような重要な領域については、様々な利害関係者が多く絡んでいるため、コロナ感染拡大防止というスローガンのみでの変化は力強くなく、一時期メディアで注目された、生徒の学習機会損失を減少という目的からの、学校制度の『9月入学』への動議も実務的に難しい、ということで機運は一気に落ちてしまいました。[212][213] しかし教育機関の経営的影響が見えやすい大学などにおいては、コロナ禍での変化が早くみられると思いますし、それがDXに留まらず、大学再編の流れにつながるかもしれません。

飲食業とノンアルコールの台頭（コロナ禍での負の影響と今後のインフレ可能性）

211『英語除く外国語検定　存続の危機　コロナで中止』https://www.nikkei.com/article/DGXMZO63130300X20C20A8CC1000/?fbclid=IwAR23ALiKrV4UoLrDFMkC6Wfw9cyXysucYtmmLRRk4RNsxn752a-5b5vQZc

212『ユーグレナ出雲氏の達観「それでも日本は変わらない」』https://business.nikkei.com/atcl/gen/19/00181/081400011/?n_cid=nbponb_fbbn&fbclid=IwAR09njFMiug0IHwk932jYqCed-LXENwnJYZf1he3iRUADbhk7GN_5O-UIVk

213『「9月入学」20・21年度の導入見送りへ　政府・与党』https://www.nikkei.com/article/DGXMZO59636530X20C20A5MM8000/

様々な事情が異なるという注釈付きではありますが、Withコロナの新常態（ニューノーマル）への変化の一部で、インパクトを大きく受ける業種として飲食業があると思いますし、もしインフレが日本にちゃんと戻ってくるとしたら、飲食業界からなのでは？と思い、こちらのセクションに書いてみます。

２０２０年５月以降からのコロナ自粛後、経済活動の再開が見られてはいますが、日米共に飲食店や娯楽施設も、時間制限や様々なコロナ感染対策をしながら、徐々に営業再開となっており、コロナ前と比べれば、稼働率や客数などは戻っていない印象です。実際に一般社団法人日本フードサービス協会のデータによると、２０２０年６月の外食全体の売上は前年比78．1％であったそうです。しかし内訳に差はあり、「ファーストフード業態」は88．2％、「持ち帰り米飯・回転寿司」は、93．1％と大きく回復して一方で、「居酒屋」は41．5％、「パブ・ビアホール」は34．2％と前年比４割にも届かず、依然として壊滅的な状況が続いているようです。[214]

そこで日米比較で面白いな、と感じたのが、ラスベガスなど米国の一部では、営業再開にあたり、それまでの営業停止に由来する財政的な補填や感染防止対策（マスクやフェイスシールド等）のコストもあり、従来のサービスに対するチップに加えて、コロナサーチャージという、更なる追加料金を徴収している、という点です。[215]日本では一部のホテルが、サービス費などを事前に明細に入れている場合もありますが、ほとんどの場合チップもないため、コロナ対策の費用を顧客に請求する、という考え方があまりないかもしれませんが、日本との比較では、目立つ点だな、と思いました。

一方で日本国内では、人気の一蘭ラーメンで使用されているような、皆同じ方向を向いて座り、個人ブースができるようにパーティションを置いてラーメンの味を楽しむ（所謂一蘭の「味集中カウンター」）といったやり方が、コロナ対策の先端をいっていた、という話題がありました。

214『コロナ禍の居酒屋業態の今。売上回復最も厳しく〝脱・居酒屋モデル〟も登場』https://www.showcase-gig.com/dig-in/the-food%E2%80%90service-industry/

215『米外食や物流「コロナ追加料金」コスト転嫁、反発も』https://www.nikkei.com/article/DGXMZO60334010T10C20A6000000/

そして一蘭はコロナショックの中でも、新店舗を出したりしているそうですので、味集中カウンターがコロナ対策カウンターでもあった、という点で同社のビジネス拡大の追い風になっているわけです。[216]

価格のインフレ（最低賃金上昇などの労働コストや原材料コストによるもの）が一貫して見られてきたアメリカでは、コロナサーチャージという更なる課金のやり方について、不満があるものの、人々がインフレに慣れていることから、コロナ対策してくれるなら、と受け入れる人も多いような気がします。対照的に日本では、もし一蘭のようにパーティションが様々な飲食店でき、フェイスシールドやマスクなどのコロナ対策をされているところが、コロナサーチャージとして消費税以外にもさらに10％など追加課金するとなると、かなりの反発が予想されます。バブル崩壊後に日本はデフレを経験し、その考え方が染みついてしまうと、価格は横ばい、またはお客様感謝セールで価格が下がるのでは、と思うくらいになっています。日米間の経済政策（中央銀行の金融政策や政府の財政政策共）による影響と、ここ数十年の生活習慣の違いが価格に現れるのだな、と感じました。

しかしその日本の飲食業界で変化が見られそうな兆候があるそうです。Withコロナ時代の新常態（ニューノーマル）として、飲食店では感染対策の一環として、間隔を空けるなど店内の席数減少がなされ、結果的にお店の損益分岐点上昇へとつながっているようです。加えて店内飲食（イートイン）ではなく、持ち帰り（テイクアウト）の展開を始めても従来の売上高の一部の補填にしかならず、且つ外部のデリバリーサービス（ウーバーイーツなど）は売上の4割近くを徴収するそうです。従って、コロナ前までも薄利で回っていた飲食業界において、コロナ倒産が散見され始め[217]、いよいよ値上げなどをしないと本当に回らなくなる、という段階に来ており、コストを反映させた形で、飲食業でもインフレ（物価上昇）がやっとみられるかもしれません。[218]

216『「一蘭」スタイルを他のラーメン店も真似る訳』https://toyokeizai.net/articles/-/356968?fbclid=IwAR2mgGIpj_U1bF0OuIUBo9JpCKO8rgg228wlenyJX7La_QqRIHgiCpnCLYU
217『「新型コロナウイルス関連倒産」が400件に～飲食店が最多、東京都が100件目前～』https://news.yahoo.co.jp/articles/50bbd33821e82a0200d8c205b9e579e944e62ec9
218『「外食の値上げは許せないという意識を変えてほしい」』https://premium.toyokeizai.net/articles/-/24095

しかし飲食業は新型コロナ対策のみならず、新たな構造的変化にも対応していかないといけません。それはアルコール消費の低下傾向です。居酒屋などの密になりやすい飲食店経営で収益貢献している大きい部分は、アルコール消費です。

一方で違う軸から見ると、コロナショック前から最近のトレンドとして、「ソーバー」とか「ゲコ」と呼ばれる、飲酒離れの兆候も大きくみられています。飲めない方以外に、身体や精神健康を考えて、敢えて飲まない方が増えている、ということです。[219]

『今の若者は、アルコールを飲んで楽しむことは、あまりコスパの良くない娯楽と考えているのかもしれません。酔って楽しむことによるメリットよりも、健康への悪影響や、費やされる時間やお金などのコスト、酔うことによる失敗のリスクなどのデメリットが上回ると判断しているのかもしれません。』[220]

しかも厚生省の調査だと、成人の半分程度は飲酒をしない（またアルコール依存は男性で12%

とか、女性で8％）ということで、飲食店などでの飲み会機会が減少することによる更なる飲酒離れは、構造的な変革があるかと思います。[221]

今後において、飲食業界はどれだけ、ノンアルコールの消費を通じて経営していくか、という考えが必要になるかと思います。またアルコール飲料の生産側にすると、日本の3大ビールメーカーは、度重なる酒税上昇と変更に加えて、第三のビールと呼ばれる安価なものは売れているものの、伝統的なビールは減少傾向（そしてコロナ禍で更なるマイナス影響）となっており、従来のビール事業による高い収益で他の部門を支えていたというモデルから、飲料（ノンアルや水）への転換、が必須といえるでしょう。そして現状として、日本のビールメーカーが日本から海外市場、特にオセアニアや欧州へ企業買収などを通じて進出、という流れになっています。[222]

219『下戸が動かす「ゲコノミクス」　経済効果3000億円？』 https://www.nikkei.com/article/DGXMZO56131670X20C20A2H11A00/?fbclid=IwAR373RV6QEbaVQtNc2PA4iNP8xnZ9u1RvEA3DLLjf5umaUfAGrHkdW_2obQ
220『さらに進んだ若者のアルコール離れ－20代の4分の1は、あえて飲まない「ソーバーキュリアス」』 https://www.nli-research.co.jp/report/detail/id=63562?site=nli
221 ibid
222『コロナ禍直撃のビール業界、特にアサヒに苦境が待ち受ける真の理由』 https://news.yahoo.co.jp/articles/0957d388aa5ff686a0f5aecaa01f02a587ba79f1

ただ少種類で専門的（例として日本酒、ワイン、ウイスキー、焼酎、地ビール等）、且つ長期的にビジネスをやっているアルコールのメーカーさんは、ニッチ市場へのアプローチなどで生き残りが図れるかと思います。

移動（モビリティ）の変化
（ソフトの現地化に加えて、積極的な業態変化がないと、結局は縮小業界）

前のセクションにて、日本の交通セクターとして鉄道と航空について触れましたが、ここでは、タクシーやライドシェアにみられる、自動車を介した移動（モビリティ）の変化について、依然として前途多難であるな、と感じており、それについて書いてみます。

日本では米・ウーバーが２０１４年８月にいち早く上陸したが、所謂ライドシェア、と言われるサービスは、原則白タク扱いに近く、ビジネスモデルとしては、あまり成功とはいっておりません。[223] またウーバーは中国でも展開していたが、最終的には中国発の配車アプリ、滴滴出行（ディディ）と合併しました。[224]

そして滴滴出行はDiDiモビリティジャパンを設立、日本でソフトバンクと一緒に進出し、中国からのインバウンドを中心にサービス拡大を狙っていたが、結局インバウンド利用も2割程度に留まっていたようで、このコロナ時代に突入し、インバウンド激減に加えて、国内での需要減退もあり、2020年7月から提供規模を縮小すると決定したようです。似たような形で中国から来たレンタサイクル事業も日本に数社進出してきましたが結局撤退、となっております。[225]

足元は、既存タクシー業界への破壊的イノベーションであったアプリを使ったライドシェア自体、コロナ禍も加わり、本国である米国でも赤字事業から抜け出せていないようです。

223『世界で急拡大中のライドシェア、なぜ日本では広まらないのか?』https://share.jp/column/sharingeconomy_law/rideshare/
224『Uberの中国部門を、中国の同業「Didi Chuxing（滴滴出行）」が350億ドルで買収へ』https://thebridge.jp/2016/08/zomg-didi-uber-china-merger-confirmed
225『中国発シェアサービス、日本で直面した2つの壁』https://www.nikkei.com/article/DGXMZO61784640R20C20A7TJC000/?fbclid=IwAR2Qcyo1kP8W5pH7a5maUskgcxu8eTMzJpsu2kXwEQmBQskieQ_2VQV5rF8

例として、楽天が米ウーバーの競合である、米リフト社の筆頭株主であり、楽天の三木谷社長はリフト社の取締役も務め、2019年の同社上場後は、楽天側で上場評価益を計上し、金融商品（純投資）から持分法へ変更させ、シナジーを含めて国を超えた、今後の協業を期待していたようでした。しかし結局のところ、2020年になり、コロナ禍でリフト社の経営不振[226]や当初想定のシナジーが見込めない、ということから、同氏のリフト社での取締役退任と再度金融商品へと変更になり、また純投資、に逆戻りしたそうです。[227]

また話が少しズレますが、中国の滴滴は国際展開として、オーストラリアやメキシコ、ブラジルなどに進出しているものの、現地企業との競争激化で思うように存在感を発揮できずにいるようです。このように中国発のライドシェア企業が直面した壁は2つある、と言われています。それは、①進出先の市場ニーズや規制を十分に踏まえずに、②中国での成功体験をそのまま海外に持ち込む姿勢、と言われています。[228]

総合的に見ると、ソフトの面で海外のアプリサービス自体が現地化するのはそもそもハードルが高い（加えて本国の海外進出に対するマインドセットの問題もあるでしょうし）、ということから、一定程度の市場規模を望むとなると、やはり米国や中国、インドなど国内市場で勝てるローカルソフトに限るのかもしれません。個人的には、ライドシェアという人間の移動にフォーカスしている、大きな市場規模の事業でさえ、米国でも継続的に収益を上げていけない、というのはかなり前途多難だな、と感じております。

一方でその道のエクスパートに頼めば？と考えてみると、ライドシェアにおいては、所謂タクシー業界やタクシードライバーに結局頼んでみたら？という意味になるかと思います。そういう脈絡で行くと日本の場合、白タク規制という背景から、ソフト（アプリ）によるタクシー配車ビジネスが拡大してもよいはずなのですが、実は既に拡大期から、統合期に入っております。

226『[FT・Lex]「乗る」か反るか 米リフトが描く夢』https://www.nikkei.com/article/DGXMZO62654270U0A810C2000000/

227『楽天、米リフト経営に「見切り」　ライドシェア失速』https://www.nikkei.com/article/DGXMZO63295830R00C20A9TJ2000/

228『中国発シェアサービス、日本で直面した2つの壁』https://www.nikkei.com/article/DGXMZO61784640R20C20A7TJC000/?fbclid=IwAR2Qcyo1kP8W5pH7a5maUskgcxu8eTMzJpsu2kXwEQmBQskieQ_2VQV5rF8

顕著な例として、ＤeＮＡ傘下であったＭＯＶは赤字事業であったこともあり、日本交通のJapanTaxiとコロナショックが出る前の２０２０年年初に統合を発表しました。[229,230]また追い打ちをかけるようにコロナ禍にて、移動ニーズが著しく低下し、ロイヤルリムジングループのような、タクシー会社の破綻が見られました。[231,232]

このライドシェアや配車アプリの一連の流れから感じることは、海外市場で必ずしも恒常的に利益を出し続けられていないビジネス、またイノベーションのあるビジネスが、日本に上陸し、結果を出すまでにはかなり時間がかかるという事実に加えて、餅は餅屋に頼みながらも業態変化を日本国内の業態内から自助努力以上の強い力で起こしていかないと、ただ単に縮小均衡の国内市場をかじっているに過ぎないのではないか、と感じております。

２２９『DeNA、忍び寄る危機、上場来初の赤字転落…新規事業が軒並み苦境で〝稼げる事業不在〟』https://biz-journal.jp/2020/03/post_144921_2.html
２３０『日本交通とDeNAの「配車アプリ」事業統合、ライドシェア規制にもあらためて言及』https://signal.diamond.jp/articles/-/86
２３１『タクシー会社「600人解雇騒動」が混迷続く実情』https://toyokeizai.net/articles/-/350182
２３２『バス、タクシー…ドライバー困窮　コロナ減収や解雇、規制緩和も影響』https://www.nishinippon.co.jp/item/n/638460/

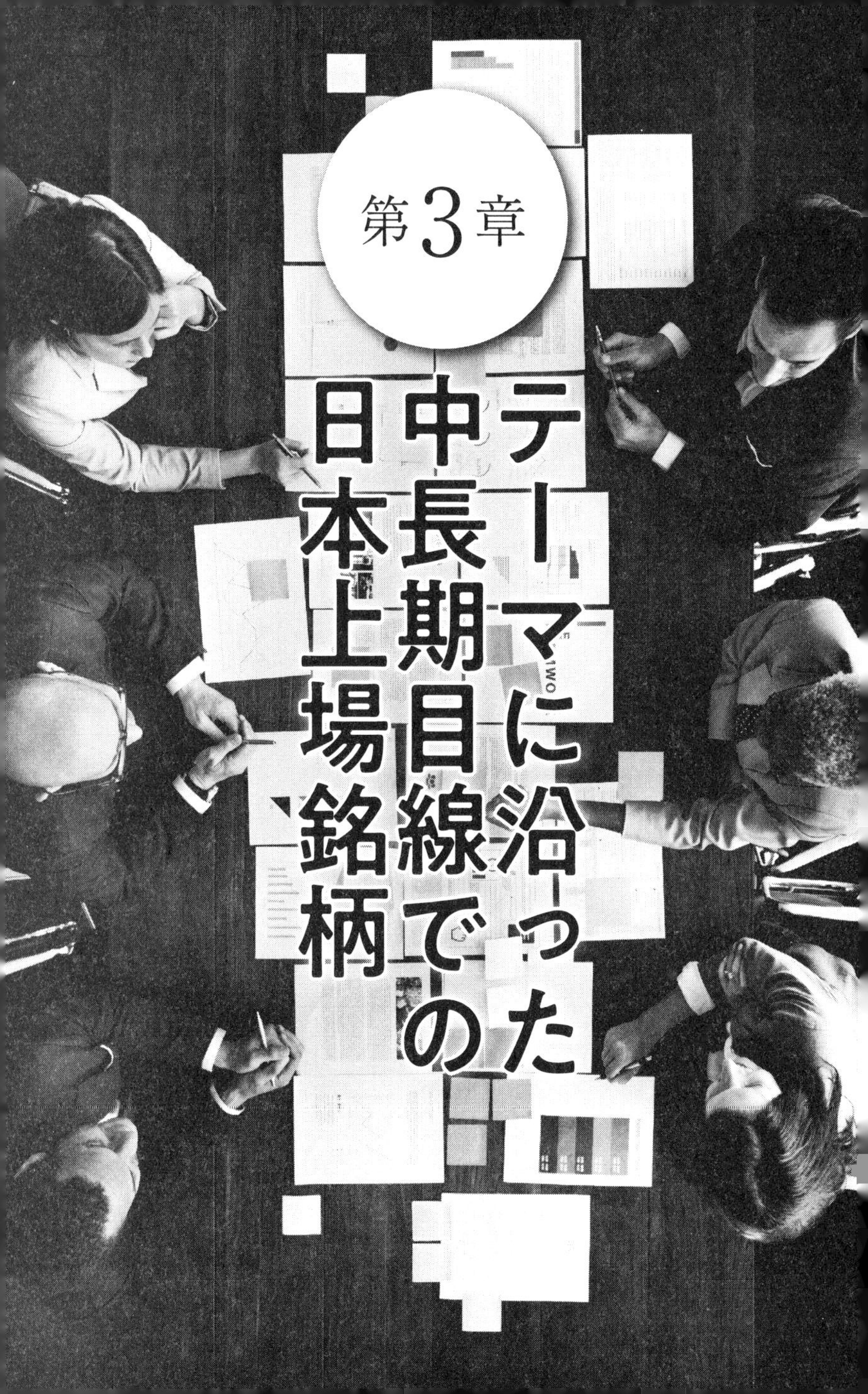

第3章

テーマに沿った中長期目線での日本上場銘柄

第二章のテーマに合わせて、日本に上場している銘柄で注目に値する銘柄について、少し解説していきたいと思います。ちなみに取り上げる銘柄については、基本的に中長期的にBuy&Hold（購入して保有し続ける）する前提となっており、短期的な売買や空売りに関する銘柄選びをしておりませんので、ご了承ください。また2020年9月末時点で上場している銘柄から選んでおりますので、宜しくお願い致します。そして投資は自己責任でお願いします!!

『米中対立と世界動向の流れ』のテーマ

通信と半導体

通信（5G）関連では、欧米などの西側諸国が、政治的リスクやデータ管理・保護の問題から、今まで傾倒していた中国企業のファーウエイ製品を使用できなくなり、その他の選択肢を模索する必要がある模様。一方で欧州にもエリクソンやノキアなど競合がおり、日系企業の5Gに関する実力については未知数ですが、少なくとも中国企業が独占すると考えられていたパイが空白になったので、日系企業にもチャンスはあると思います。

●NEC（6701）
●富士通（6702）
●アンリツ（6754）

半導体については、2020年9月時点で米政府が、既にファーウエイを、そしてSMICも追加で禁止リストへ掲載を検討しており、半導体設計や製造で大きなシェアを持つ米企業の技術を一部でも活用し両社と取引するには、米政府の事前承認が必要、というルールになっているため、日系企業でも半導体に関する技術を、中国に展開できず、恩恵が受けにくいとは思います。しかし政治リスクが高いために、米政府のルール変更等に注視していく必要があります。その中で下記企業は日本での半導体関連で重要な企業群になります。

●DISCO（6146）
●東京エレクトロン（8035）
●SCREENホールディングス（7735）

●アドバンテスト（6857）
●住友化学（4005）
●富士フィルム（4901）

SNS／ネットワーク

米中対立のもう1つの懸念案件である、TikTokとWechatなどSNSに関して、たとえ米政府が使用制限を掛け、日本もその動向を追随したとしても、直接的に恩恵があるSNS／ネットワークの日系企業は少ないと思います。そこでサイバーセキュリティ（サーバーなどハード、ソフトウエア販売や導入コンサル等）を行っている企業に注目してみました。一方で通信同様、セキュリティサービスの実力や製品力などについては未知数だと思います。

ちなみに日本で一番活用されているSNSの『LINE』は、2021年3月に韓国の親会社Naverと日本のZホールディングス（所謂Yahoo Japan）と親会社のソフトバンクグループの4社間で経営統合がなされる予定になっています[233][234]。

●SBIホールディングス（8473）とグループ会社

●ソフトバンクグループ（9984）とグループ会社
●GMOインターネット（9449）とグループ会社
●ソリトンシステムズ（3040）
●トレンドマイクロ（4704）
●ソースネクスト（4344）

金融

米中対立において、米国側が多く恩恵を受けるとみられる金融ですが、こちらも米金融企業と同じように恩恵を受ける日系企業はかなり少数だと思います。一方で、中国政府が始める『デジタル人民元』[235]という政策と親和性が高いのが、ビットコインなどに代表される暗号通貨だと思います。日本で事業を行っている暗号通貨取引所は、安全性の問題やマネーロンダリング懸念

233『ヤフーとLINEの経営統合スキームは国内老若ユーザーの包囲網』https://news.yahoo.co.jp/byline/kandatoshiaki/20191118-00151372/
234『ヤフーとLINE、経営統合は2021年3月に』https://www.itmedia.co.jp/news/articles/2008/03/news131.html
235『中国のデジタル人民元の大規模な実験が深圳でスタート』https://jp.techcrunch.com/2020/10/12/2020-10-11-china-digital-yuan-shenzhen/

などありますが、一連の事件を通じて当局の監視も厳しくなっており、以前よりは上記問題に対して対策ができていると思います。下記企業群の子会社に暗号通貨取引の会社があります。

●SBI ホールディングス（8473）
●ソフトバンクグループ（9984）
●GMO インターネット（9449）

『日本国内の伝統業態』のテーマ

金融

コロナ禍でより地銀再編への機運が高まっているなか、この再編へアクティブなSBI ホールディングスや、元々コスト高の要因となっていた店舗自体を持たない形でネット銀行として長く実績のある会社を傘下に持つ企業群が注目できるのでは、と思います。

ちなみにソニーフィナンシャル（8729）は、2021年4月からソニーグループの完全子会社になり上場廃止となります。

●ＳＢＩホールディングス（8473）

●ソニー（6758）↑ソニー銀行やソニー生命など、

●ソニーフィナンシャルを含めた企業群

●オリックス（8591）　↑オリックス銀行やオリックス生命を含めた企業群

エネルギー・電力と鉄鋼

原油や天然ガス価格が低位で推移しており、今後も短期間での需給改善、もしくは価格上昇が見込まれない一方、エネルギーや電力は中長期での目線も必要になり、北米やロシアなど多くのプロジェクトに関わっている商社が注目されやすいセクターにもなります。加えて日本の電力事情は、原子力発電の廃炉や再生可能エネルギーなど新たな課題も多く存在しますし、注目すべき企業がいくつかあると思っています。

エネルギー関連

●三井物産（8031）↑北米やロシア、オーストラリアなど多数の原油ガス案件に関わる
●三菱商事（8058）↑三井物産と同様
●日揮（1963）↑海外のLNGや化学プラント設計、建造のプロジェクトに関わる

電力関連

●住友電工（5802）↑再エネ拡大による、送配電線の供給に関わる
●日立造船（7004）↑原子力発電の廃炉支援や貯蔵支援に関わる
●レノバ（9519）↑多くの再生可能エネルギー案件に関わる
●荏原（6361）↑風水力など再生可能エネルギー案件に関わる

また鉄鋼に関しても、世界最大の消費市場で同時に製造国でもある中国での過剰生産（と生産能力）により、日本の製鉄企業は収益悪化が止まらないものの、原材料など製鉄のバリューチェーン上で恩恵を受ける商社もあります。

鉄鋼関連

●三井物産（８０３１）←製鉄で重要な原材料、鉄鉱石の権益を一番多く持つ商社

交通インフラ

ＪＡＬのように航空会社が破綻した企業はありますが、ＪＲのような規模の鉄道企業が破綻とはならないのでは、と考えています。またＪＲとなると、国内市場フォーカスのため、成長に限界があり、また経営面で固定費が高く、規制や安全性など影響要因が多数ありますが、その中でも比較的売上分散が図られている（新幹線、在来線、非鉄道等）企業や送電で注目を浴びる企業が下記になります。

●住友電工（５８０２）←送配電の製造に注目

●ＪＲ東日本（９０２０）

またWithコロナ時代の収束とリニア新幹線の開通工事への見通しが立てば、ＪＲ東海

（9022）と日本車輌製造（7102）にも注目です。

『国内不動産市場』のテーマ

不動産関連

Withコロナ時代では、ホテルや商業施設への向かい風は強く、物流施設への追い風も強いと見られています。一方で住宅やオフィスなどは、個別事情もあることから一概にはいえないものの、今までの都市化・一極集中の流れは一旦落ち着いたかと思います。従って、不動産関連で想像される、建設会社や不動産デベロッパーは取り組み案件により千差万別であるため、この度は考慮に入れません。

しかし既存不動産の付帯設備の修繕（エレベーターや修繕時の足場）や住宅ローンの金融面で注目できる企業はあると思います。

●ジャパンエレベーターサービス（6544）↑エレベーターの遠隔点検・診断に関わる

●ダイサン（4750）↑修繕や建築の際に必要な足場の最大手
●全国保証（7164）↑住宅ローンの保証に関わる
●ARUHI（7198）↑フラット35など住宅ローンに関わる

JREIT（不動産投資信託）

上記と同じく、物流施設を中心としたREITや都市部に集中しすぎていない住宅系のREITは注目できるのではないか、と思います。（JREIT以外にも、ETF等もございますので、こちらでは銘柄記載は致しません。）またコロナフリー、という観点からは再生可能エネルギーREITも興味深いREITではないか、と思います。

●住宅系REIT
●物流系REIT
●再エネ（太陽光）REIT

『With/Without コロナ時代』のテーマ

飲食関連

Withコロナ時代で、居酒屋などで集うことが難しくなり、アルコールの消費する機会も減ってきたように感じます。加えてコロナ感染とは直接関係なく、自身の健康のために、アルコールを飲まない若い世代が出てきており、今後は欧米諸国のように、ノンアルコールの飲料がより多く消費されるのでは、という見方から、下記企業は注目に値すると思います。

●サントリー食品インターナショナル（2587）
●伊藤園（2593）
●ダイドーグループ（2590）

人材育成・教育関連

新型コロナ感染拡大を通じて、遠隔での授業実施や様々な検定協会がPCを中心したテスト受験など、オンライン化が今後も進むことが予想されます。一方で優秀な人材の育成や生涯教育なども重要なトピックになってくると考え、その面では下記企業を注視してみようと思います。加えて教育について、運営母体は学校法人が多く、直接恩恵をうける可能性がある専門学校や高等教育特化型ビジネスの上場会社は少ない、という点にもご留意ください。

●スプリックス（7030）↑オンライン個別指導も行う
●ヒューマンホールディングス（2415）↑生涯教育の分野に関わる
●Edulab（4427）↑eラーニングやテスト運営に携わる

モビリティ

Withコロナ時代とは必ずしも関係なくとも、今後は自動車の販売、運転という従来の形以上に、気候変動に合わせて、電気自動車（EV）やそれらを駆使した自動運転、省人化やMaaS（モビリティ・アズア・サービス）が広まっていくのではないか、と思います。そのような技術を可能にするために必要な、モーターやセンサーなどを担っている企業に注目しています。

●日本電産（6594）↑モーター製造に関わる
●マブチモーター（6592）↑モーター製造に関わる

●京セラ（6971）↑自動車部品や電子デバイスを製造

医療サービスと医療機器

Withコロナ時代に一番注目される、来院しなくても診察が可能な遠隔診療や診断、そして高品質な医療機器製造の分野ですが、コロナ終息後も重要な領域になると考えます。また伝統的業種でもあるため、オンラインやデジタル化が浸透しにくかったかと思いますが、今後も変化していくでしょう。

医療サービス

●エムスリー（2413）↑オンラインで製薬会社とのやり取りや診療
●メディカルデータ（3902）↑診療データベースを活用
●オプティム（3694）↑遠隔診療や画像診断支援に関わる

医療機器関連

●富士フィルム（4901）
●日立（6501）
●HOYA（7741）←内視鏡や眼科用の機器に携わる
●オリンパス（7733）←大腸内視鏡に関わる
●オムロン（6645）←予防医療に不可欠な血圧計や体温計で高シェア

『その他』のテーマ

第2章でご紹介したテーマ以外にも、もちろん色々な投資関連のテーマは存在します。そこで業界動向など詳細は省かせていただきますが、上記で取り上げなかったテーマと注目銘柄を記載させていただきます。

小売り

成長市場の海外展開に成功している企業と、専門的な企業に着目しています。

●パン・パシフィック・インターナショナル（7532）←ドン・キホーテやユニーを展開
●セブン&アイ（3382）
●神戸物産（3038）←業務スーパーを展開
●キャンドゥ（2698）←100円ショップを展開

XR（仮想現実・VRや拡張現実・AR）

日本の強みのゲーム分野と似ているが、特にVRのソフト面で恩恵を受けやすい企業に注目しています。

●ソニー（6758）
●クリーク・アンド・リバー（4763）
●カプコン（9697）
●バンダイナムコ（7832）

●スクエアエニックス（9684）

環境関連

ESG側面を含めた、気候変動やCO2排出など注目を集めるが、その中でも廃棄物処理にて長い実績のある企業に注目しています。しかし同事業は地域性が強く、他の上場子会社等競合も多い分野でもあります。

●ダイセキ（9793）
●MIDAC（6564）

プラットフォーム関連

多くの新興企業が進出しており、彼らの主力事業を中心に、プラットフォーム化しているビジネスに注目しています。

●Sansan（4443）↑名刺管理と営業管理（CRMなど）
●BASE（4477）↑中小規模の事業者向けの簡易ECサイトプラットフォーム

●ジモティー（7082）←地域特性があり、情報や物資の交換が可能なプラットフォーム
●じげん（3679）←不動産や人材紹介などの多数プラットフォームを運用

『Connecting the Dots』と振り返る

アップルコンピュータの創業者である故スティーブ・ジョブズ氏が、2005年の米スタンフォード大学卒業式でのスピーチにて発した有名な文言の『Connecting the Dots』。これにちなんで、この度執筆に至った経緯を、点と点を繋いで、解説していきたいと思います。

株式リサーチとその意義とは

私の社会人キャリアは、とある外資系証券会社で日本での個別上場株のリサーチ業務のジュニアとして始まりました。短期間（2.5年）ではあったものの、勉強できた各業界の動向や財務諸表の見方や考え方など、その後のキャリアの大きな基礎となったことは間違いなさそうです。しかし証券会社所属の株式リサーチのアナリストが、市場に何百人もいると同時に、どこまでお客さんから付加価値があると見られていたか、という疑問が当時自分にはありました。

その背景としてマクロの視点ですと、証券会社が機関投資家を中心に提供していた個別上場株に関するリサーチは、従来付加価値サービスの一環として提供され、同投資家が証券会社に支払う売買手数料の一部によってカバーされていると考えられていました。しかし証券会社間の競争激化と手数料の低下、そして新たな規制（MIFID2に代表される手数料のアンバンドリングなど、いくらリサーチに支払い、いくらは株式売買に支払う手数料か、を透明化する動き）の流れの中でもありました。

またミクロの視点だと、ネットやデジタル化の中で、個別企業が提供しているIR資料以外にも、個人投資家がよく使うサイトや資料（Yahoo Finance, みんかぶ、Quickリサーチなど）は多く存在し、そして無料提供している情報も多く、興味と時間のある方は個別に調べること自体が可能になっている、という変化にも気づいていました。

私はその後、株式リサーチ業務を離れて、異なる外資系金融機関（資産運用会社）へ転職するのですが、その中でも、これまで外資系証券会社で機関投資家向けに届けていた個別株リサーチを個人投資家向けに有料（毎月2千円程度）で提供する、という試みを2013年から始めたLongineというサービスに注目していました。しかし2020年に同サービスが終了、サイト停止となりました。同サービスが停止してしまうことは悲しかった一方で、自分の中で疑問が残りました。それは投資に慣れていないと言われる日本の個人投資家が、もしかして短期的目線での売買等で必ずしもLongine等の有料サービスは必要なかったのかも、と仮定しても、一方どこまで中長期目線での、業界動向や企業の行動、並びに株価に代表される資産運用の仕方が浸透しているのかな、と思うと、かなり疑問やモヤモヤ感があったからです。

コロナ禍でのインプット

また別のイベントとして、2020年4－5月の緊急事態宣言が発せられ、コロナによる自粛生活から、今までより知識面でのインプットすることが多くなり、その自粛生活中に読んだ二冊が興味深いな、と感じました。

①『Think Smart』に掲載されている色々な人間の心理を通じて、自分に置き換えて考えてみました。以前株式調査部にて、ふと感じていたこと、当たり前なこと、皆なんとなくわかっている事実、でもそれ以上は特に不思議に感じていなかったこと。でもこのような、今まであまり注目されていなかったテーマや見方を集めてみれば、コロナウイルスのよる世界的変革、といった、ほとんど起こりえないとみられる、ブラックスワン的なイベントも、もしかして運よく、予兆に気づけた？のかと気づいたりしました。

②『権力に弱く、利殖に強い日本人』は私の祖父、佐竹弘造が執筆した本で、既

に廃版になっていますが、この本では日本人の文化・歴史的に流れる習慣、また権力には素直に従うが、その中で商人的側面からちゃんと利益をもらうといった、日本人の生きる術が書かれていました。このコロナショックにおいても、本書で書かれているような日本人が見つけようとしている生きる術の多様化のような、一般的な労働以外にも投資という側面も加われば、尚良しではないか、と感じました。

前書きで書いたような「情報の点と点を繋いで、投資テーマを探す」と似たように、新型コロナを通じた社会転換も一部作用し、今までの自分のキャリアや実体験を振り返り、また祖父の本も通じて、様々な『点』がつながったことで、この本の執筆へ、という流れになったわけです。

Dotsを投資においても繋げてみましょう

最後に、スティーブ・ジョブス氏の同じスピーチの一部を添えて、この本のまとめとしたいと思います。

"Again, you can't connect the dots looking forward; you can only connect them looking backward. So you have to trust that the dots will somehow connect in your future." [236]

投資も人生も、流れがあるものには既に伏線や予兆がそれなりにあり、その先に将来がある、と考えると、人生の楽しみの1つに投資テーマを日頃から少しずつ探してみる、といった深い意味合いも出てくるかと感じました。ご覧いただき、大変ありがとうございました。

236 "'You've got to find what you love,' Jobs says" https://news.stanford.edu/2005/06/14/jobs-061505/

【著者プロフィール】

後藤康之（ごとう・やすゆき）

1985年東京生まれ。東京育ちであるが、高校2年生から海外へ留学。2008年に米国・ブラウン大学を卒業後、中国・南京大学にて大学院へ進学し（国際関係学専攻）計8年海外で過ごす。日本へ帰国後、在京の外資系金融業界（証券会社と資産運用会社）にて計9年従事。株式と債券、PEや不動産を含むオルタナ投資等、幅広い金融商品の経験もある。

学生時代のグローバルな体験に加えて、金融業界で養った知見、そしてコロナ禍での大きな環境変化を察知し、社会情勢や業界全体の動向（リサーチやSDGs等）、そして個別企業の財務分析や、日本のスタートアップ企業へのサポートなど取り組んでいる。

プライベートでは、奉仕支援団体のロータリークラブに所属し、ボランティア活動にも勤しむ。またプロフィギュアスケートコーチである、母の影響からフィギュアスケートを習い、シングルにてインターハイ出場、シンクロナイズドスケーティングでは、全日本ジュニア部門で優勝経験もある。


外資系金融機関（東京拠点）にて、計9年従事
・2016-2019年　ブラックストーングループジャパン(株)（米系資産運用会社）
・オルタナティブ投資ファンドに関する投資家対応、マーケティング担当
・2013-2016年　ピムコジャパンリミテッド（米系資産運用会社）・外国債券投資ファンドに関する投資家対応、マーケティング担当
・2010-2013年　マッコーリーキャピタル証券会社・日本株式調査部にて資源関連銘柄の株式調査担当

海外（6年間米国・2年間中国）留学、計8年
・The Johns Hopkins University-Nanjing University Center for Chinese and American Studies（中国）修士号（国際関係専攻）2010年卒
・Brown University（米国）学士号（国際関係専攻）2008年卒

資格関連
・日本証券アナリスト協会認定アナリスト（CMA）
・国際公認投資アナリスト（CIIA）
・准認定ファンドレイザー（cfr）

最強の外資系運用術

次のライジングスターを探せ！

2021年4月5日　初版第1刷発行

著　者　　後藤康之

発行者　　日本橋出版
〒103-0023　東京都中央区日本橋本町 2-3-15
共同ビル新本町 5 階
電話　03(6273)2638
https://nihonbashi-pub.co.jp/

発売元　　星雲社（共同出版社・流通責任出版社）
〒112-0005　東京都文京区水道 1-3-30

ISBN 978-4-434-28545-5　C0033